Für Yannik

Für Gabi

Für Astrominus
Für Supernature

Für die Boardies

Für alle anderen

Für mich

www.supernature-forum.de

Es hat ja keiner behauptet, das Leben sei einfach!

Jochen Zuber

ISBN: 978-3-8370-3670-1

©2009 Jochen Zuber

Umschlaggestaltung ©2009 Björn Bippus Brender

Herstellung und Verlag:

Books on Demand GmbH, Norderstedt

INHALTSVERZEICHNIS

Bevor wir anfangen ...

Die folgenden Geschichten sind wahr. Zum Teil. Leider kann ich nicht mit voller Überzeugung sagen, dass die übertrieben scheinenden Abschnitte erfunden sind. Das Leben hält immer wieder knifflige Situationen für uns bereit. Manche davon sind lachhaft, andere lächerlich und bei manchen bleibt uns nichts anderes übrig als resigniert den Kopf zu schütteln. Das Leben ist nicht einfach. Aber das hat ja auch keiner behauptet. Und genau davon handeln die kurzen Geschichten, die ich nachfolgend zusammengefasst habe.

Im Gegensatz zum Leben ist dieses Buch recht einfach. Auch die Scherze und Anspielungen, die ich hin und wieder in meine Erzählungen habe einfließen lassen, sollten einfach zu verstehen sein. Wobei ich zugeben muss, dass es an der einen oder anderen Stelle hilfreich sein kann, wenn man die Filme von Monty Python oder des Regie-Gespanns Zucker, Abrahams, Zucker gesehen hat. Nicht dass ich mir anmaßen würde mit diesen Legenden in einer Liga zu spielen. Mein Humor ist aber in nicht unerheblichem Maße von diesen Künstlern beeinflusst.

Dort wo noch Platz war, habe ich ein paar kurze Texte eingetragen, die für den durchschnittlichen Leser, wenn überhaupt, nur bedingt witzig scheinen dürften. Obwohl ich schon davor Geschichten geschrieben habe, war es doch das Internet-Board "Supernature-Forum" das zu verantworten hat, dass ich mehr davon geschrieben habe. Der Grund für meine Registrierung war ein Online-Spiel, das ich damals häufig gespielt habe. Nach einer Weile haben wir eine Spielgemeinschaft (einen Clan) gegründet und als solcher einen Server gemietet, um jederzeit unserem Hobby nachgehen zu können.

Weil ein solcher Server Geld kostet und die Mitglieder dafür bezahlten, sollte der Server auch nur den Mitgliedern zugänglich sein und war deshalb durch ein Passwort geschützt. Da das Internet ein sehr dynamisches Medium ist, kam es vor, dass immer wieder Leute den Clan verließen. Um zu verhindern, dass sie dennoch weiter auf unserem Server spielen, wurde das Passwort monatlich geändert und den Mitgliedern übermittelt. Die entsprechenden PN (persönliche

Nachrichten innerhalb des Forums) stammen von mir. Ein paar davon habe ich hier als Lückenfüller verwendet. Es besteht aber kein Lachzwang!

Meine Mitwirkung in Forum und Clan führte außerdem zur Schaffung einer Figur namens Dr. chmul. Einer Figur, deren Gespräche mit dem einen oder anderen Mitglied des Forums/Clans am Ende dieses Büchleins zu finden sind.

Es gibt außer mir noch viele Leute, die dazu beigetragen haben, dass dieses Buch entstehen konnte. Besonderer Dank gilt dabei Gabi für das Geschenk, Thomas für die Frage, Martin für den Rahmen, Susy & Dagmar für die Hilfe, Björn für den Umschlag, Tchibo für das Angebot, BoD für die Ausführung, Uli, Schnitz, Stapfi und Robby für viele Jahre und allen Menschen, die das Leben nicht so einfach machen.

Viel Spaß!

Board/Boardie/Forum? Auf der letzten Seite erkläre ich, was es damit auf sich hat.

Hochzeit

Nein, ich sage ja gar nichts gegen die Institution der Ehe an sich. Es ist irgendwie besser, wenn die Kinder, Mama und Papa den selben Namen tragen. Und unter Umständen kann man auch Steuern sparen. Vermutlich gibt es auch Gründe, weshalb kinderlose Paare heiraten sollten, aber darum geht es mir nicht. Was mich bewegt, ist die Frage, warum alles immer so schwierig sein muss. Es könnte doch so einfach sein: Man entschließt sich zu heiraten, lässt sich auf dem Standesamt und ggf. in der Kirche trauen und feiert dieses Ereignis mit den Leuten, die man mag.

Aber hey, das Leben *ist* nicht einfach. Das fängt schon mal mit der Entscheidung an, *ob* überhaupt geheiratet werden soll. Das kann man nämlich nicht einfach so festlegen. Man muss fragen. Wenn's gut läuft nur die Angebetete, wenn's schlecht läuft auch ihren Vater. Warum? Keine Ahnung, sie sagt sowieso ja (schließlich hat sie ja lange genug darauf hingearbeitet, dass man endlich fragt) und der Vater hat bei Volljährigen eigentlich nichts mehr zu sagen.

Ok, was soll's? Dann fragen wir sie eben. Denkste! Einfach so fragen, zum Beispiel in der Halbzeit eines UEFA-Cup-Spieles, ist nicht akzeptabel. Es muss romantisch sein, überraschend (!) und ergreifend. Aber nicht etwa ein Zettel mit den Worten "Willst Du mich heiraten?" in der Trommel der Waschmaschine oder am Staubsauger, sondern mehr so mit einer Wohnung voller Rosen, einem Radio-Spot und/oder einem Verlobungsring, der den neuen Flatscreen-16:9-Fernseher in weite Ferne rücken lässt.

Die Terminfrage ist in der Regel dann eines der kleinsten Probleme. Selbst wenn beide 24/7-Jobs haben (ohne Urlaubsanspruch), ist es einfacher, einen geeigneten Termin zu finden, als die geeignete Garderobe. Dass Frauen neue Klamotten brauchen, wenn sich die Mode, das Selbstwertgefühl, die Farbe des Autos oder einfach das Wetter ändert, wissen wir. Also ist es logisch, dass auch für die Hochzeit etwas Neues angeschafft werden muss. Und ich sage bewusst, etwas Neues, nicht etwas Schönes. Leider muss dann auch der Mann erkennen, dass sein schwarzer Anzug dem Anlass nicht mehr genügt. Er muss es *erkennen*, verstehen muss er es nicht. Sie wird schon recht haben. Wenn man das Glück hat, die Bekleidungsfrage klären zu können, ohne den Trauungstermin um mehrere Wochen zu verschieben, kann man sich parallel darum kümmern, die Festlichkeiten zu organisieren. Das macht Spaß, vorausgesetzt, man hegt heimlich masochistische Neigungen. Allein die Menge der offensichtlichen Probleme kann einen schon an die Grenze des Nervenzusammenbruches bringen. Aber Studien haben ergeben, dass die meisten dieser schier unlösbaren Probleme ohne schlimmere psychische Folgen bewältigt werden können.

Mit zwei Ausnahmen: Gästeliste und Sitzordnung. Ok, in fast allen Fällen besteht Einigkeit darüber, dass die engste Familie, also Geschwister und Eltern, auf jeden Fall eingeladen werden. Das Gleiche gilt mehr und mehr für die engsten Freunde. Aber Onkel und Tanten oder Cousins und Cousinen stellen die Ehe vor ihrer Schließung schon auf die Probe. Auch Bekannte, bei denen man eingeladen war und die man halt einladen muss, sind häufig Grund für voreheliche Gewalt.

Aber selbst wenn man die Gästeliste zusammengestellt hat, die Wohnung wieder renoviert ist und die schlimmsten Schwellungen abgeklungen sind, ist man noch nicht am Ziel. Leider kann man die Gäste nämlich nicht an Einzeltische setzen, wie man sie als Schulbänke aus amerikanischen College-Filmen kennt. Und stark ungleichschenklige Us können auch nur in Betracht gezogen werden, wenn eine glückliche Fügung ergeben hat, dass es im gewählten Lokal nicht anders geht. In den meisten Fällen muss also entschieden werden, wer wo sitzt. Setzt man Paare nebeneinander oder einander gegenüber? Kann man Tante Ursula in die Nähe von Onkel Herbert sitzen lassen? Will man, dass sich der beste Freund und die senile Großtante kennen lernen? Müssten solche Entscheidungen nicht mehr getroffen werden, könnten viele Hochzeiten mit erheblich kürzerer Vorlaufzeit organisiert werden.

Zuletzt stellt sich vor der Hochzeitsfeier die ernste Frage, *ob* es nicht doch ein zu großes Risiko war, eine Band als Unterhaltung zu bestellen, anstatt einfach dezente Musik von CD laufen zu lassen. *Dass* man etwas falsch gemacht hat, merkt man zum Beispiel an weißen Tennis-Socken in weißen Slippern.

Oder an eingeübten Sprüchen, die nach einer Tanzrunde die Gäste wieder auf ihre Plätze schicken (schwitzi, schwitzi, sitzi, sitzi, jetzt ist Pause, merci!). Vor allem aber an Liedern, die so prägnante Zeilen enthalten wie 'huusefack', 'huusefack is Alice?'. Dabei könnte doch alles so einfach sein.

Drum lasst Euch sagen ...

Weihnachten ist die Zeit der Wunder. Und damit meine ich nicht, dass man sich jedes Jahr darüber wundert, dass die Weihnachtssachen in den Kaufhäusern und Supermärkten *noch* früher in den Regalen stehen. Nein, ich rede von den echten, sich wiederholenden und dennoch nicht erklärbaren Phänomenen, die sich jedes Jahr aufs neue beobachten lassen.

Eines dieser Wunder könnte man auch mit dem Spielfilm-Titel "Eiskalte Engel" überschreiben. Menschen wie Du und ich machen in der Vorweihnachtszeit eine Persönlichkeitswandlung durch, die sich im Laufe der Umtauschzeit nach Weihnachten langsam aber sicher zurückbildet. So kommt es, dass man in der Spielwarenabteilung nach dem letzten "HotWheels"-Paket greift und von einer engelsgleich lächelnden Omi eiskalt niedergeschlagen wird. Sonst liebevolle Frauenversteher werfen anderen Einkäufern mit leuchtenden Augen und gütigem Lächeln den Schirm zwischen die Beine, um zu verhindern, dass das Polly-Pocket-Täschlein in falsche Hände gerät. Ein Wunder und damit eben unvermeidbar. Mit schusssicherer Weste und Unterleibsschutz kann man aber zumindest Schlimmeres verhindern.

Ist Euch schon einmal aufgefallen, dass man von Jahr zu Jahr immer mehr Lichterketten sieht? Inzwischen gibt es kaum noch Häuser, Garagen und Vogelhäuschen, die *nicht* mit den kleinen Lämpchen geschmückt sind. Auch in diesem Zusammenhang, kann man alle Jahre wieder Wunder erleben. Wenn man nämlich auf wundersame Weise die Lichterketten aus dem letzten Jahr doch noch ohne Nervenzusammenbruch entwirrt hat, stellt man fest, dass die Lampen gar nicht oder vereinzelt nicht leuchten wollen, obwohl man beim Abbau sehr vorsichtig war. Sucht man das defekte Lämpchen ist es dann allerdings kein Wunder sondern einfach Murphys

Gesetz, dass es mit Sicherheit das Letzte ist, das überprüft wird. Allerdings ist man umgehend wieder bereit an Wunder zu glauben, wenn es einem gelingt, das defekte Lämpchen zu entfernen ohne das Glas zu zerbrechen und danach den Verbandskasten suchen zu müssen. Verwunderlich ist schließlich, dass die Verantwortlichen ob dieser Lichterkettenflut in der Weihnachtszeiten nicht großflächig auf das Einschalten der Straßenbeleuchtung verzichten.

Das größte Wunder rankt sich aber um den Weihnachtsbaum. Die Geschichte von der Auswahl des geeigneten Baumes bis zur Anbringung der Spitze am Ende der Dekorationsorgie ist eine Geschichte voller Wunder. Die Auswahl des Baumes ist seit jeher Männersache. Wir können das einfach besser. Frauen wundern sich dabei darüber, dass wir uns aufführen wie Frauen beim Klamotten kaufen. Da wird jedes Stück angeschaut und weggelegt und noch mal angeschaut und noch mal weggelegt. Wir können in einen Laden gehen, eine Hose anprobieren und kaufen und sind nach 10 Minuten wieder draußen. Weihnachtsbäume müssen aber mit Bedacht und Kennerblick gewählt werden, schließlich soll er gerade, groß und gleichmäßig dicht gewachsen sein.

Das erste Wunder offenbart sich, wenn man den mit Bedacht und Kennerblick gewählten Baum zu Hause aus dem Netz befreit. Der Baum hat sich während des Transports verändert. Er ist nun krumm und alles andere als gleichmäßig gewachsen. Wunderforscher machen für dieses Phänomen eine Universalkraft verantwortlich, die auch immer wieder einzelne Socken aus Waschmaschinen verschwinden lässt. Na ja, wenigstens ist der Baum noch groß. Mit der Betonung auf 'noch'. Hat man nämlich in nur 67 Minuten mit den Werkzeugen eines Schweizer Taschenmessers die unteren Äste und danach die unzähligen Nadeln aus Gesicht und Händen entfernt, stellt man fest, dass der Stamm zu dick für den Ständer ist.

Also wird der Stamm angespitzt, dann festgestellt, dass er nicht mehr gerade steht, dann gerade gesägt und wieder angespitzt. Dieser Teufelskreis führt zu einer Höhenreduzierung von durchschnittlich 10-25% und man stellt unweigerlich fest dass es praktisch wäre ein offenes Kamin zu haben, bei der Menge an Feuerholz. Passt der Stamm und ist ein Tischlein besorgt, der den Höhenverlust ausgleicht, muss der Baum nur noch im Ständer fixiert werden. Dabei zeigt sich das nächste Wunder. Eine höhere Macht verhindert, und das wird seinen Sinn haben im großen Plan des Schicksals, dass der Baum am Ende gerade steht. Ob patentierte Befestigungsgeräte, Wasserwaagen oder Freunde, die Landschaftsgärtner gelernt haben, nichts hilft gegen diese wundersame Gesetzmäßigkeit.

Hat man den richtigen Zeitpunkt zum Kauf verpasst und muss nehmen, was übrig ist, bietet sich die Gelegenheit, eines weiteren Wunders gewahr zu werden. Selbst kargste Bäume, die an der Wand hängende Bilder kaum zu verdecken vermögen, scheinen über ein unerschöpfliches Reservoir an Nadeln zu verfügen. Aber es gibt auch Hoffnung. Die Hoffnung nämlich, dass bis zum 24. wenigstens noch ein paar Nadeln am Baum verbleiben. Der Typ, der den Baum verkauft hat, hat immerhin beteuert, die Bäume seien erst am Vortag geschlagen worden. Wundert mich, dass wir das immer noch glauben...

Auswahl

Kürzlich, ich war gut gelaunt und erfreute mich bester Gesundheit, bat mich meine Frau, nach der Arbeit noch kurz ein paar Kleinigkeiten einkaufen zu gehen. Sie liege gerade so schön in der Sonne und könne nicht weg. Wie gesagt, ich war gut gelaunt, der Supermarkt lag mehr oder minder auf dem Weg nach Hause und ich könnte mir dann ja auch gleich noch eine Kleinigkeit für mich besorgen. Also ergänzte ich den telefonisch übermittelten Einkaufszettel, der bereis Essig, Öl, Brötchen, Butter und Mineralwasser enthielt, um die Position Fruchtgummi.

Der Einkauf würde nicht viel meiner Zeit in Anspruch nehmen, schließlich ging ich nicht zum ersten Mal dort einkaufen und wusste schon, wo alles zu finden war. Allerdings musste ich dann feststellen, dass ich wohl doch schon eine Weile nicht mehr hier war. Aus dem übersichtlichen Supermarkt um die Ecke, war inzwischen ein Konsumtempel erster Güte geworden. Aber das schreckte mich natürlich nicht ab, schließlich war ich ja gut gelaunt und außer der Größe wird sich ja kaum etwas verändert haben, dachte ich. Als ich vor dem Betreten des Lebensmittelbereiches einen Kompass, einen Peilsender und eine Leuchtrakete erhielt, war ich dann aber doch etwas überrascht. Möglicherweise war das Gebäude doch recht großzügig erweitert worden. Ich verstaute mein Survival-Pack, legte das Klett-Armband an, das mich über eine extrem reißfeste Sicherungsleine mit dem Einkaufswagen verband und machte mich auf den Weg, die paar Sachen zusammen zu suchen, die ich einkaufen sollte.

Offensichtlich funktioniert der uns Männern angeborene Orientierungssinn in der freien Wildbahn wesentlich besser als umgeben von meterhohen Lebensmittelmauern. Ich verlief mich, aktivierte den Peilsender und wartete in einer Schlucht aus Mehl und Backmischungen auf einen Führer. Nach 15 Minuten kam ein junger Mann auf einem Elektroroller um die Ecke geschossen. Gegen eine geringe Gebühr wurde ich auf die Hauptstraße gebracht und kostenlos vor der Gasse mit den Videospielen gewarnt. Auf meine Frage nach dem Essig und Öl-Regal erhielt ich einen Wink Richtung Nord-Osten und erntete ein herzhaftes Lachen.

Kennen Sie das Gefühl, wenn man sich umdreht und unerwartet vor dem Empire State Building steht? So ging es mir als ich nach weiteren 30 Minuten Fußweg den Essig fand. Mein Helfer hatte nicht wegen meiner Ahnungslosigkeit gelacht, sondern wegen des Ausdrucks 'Regal'. Ich stand nämlich vor der Essig und Öl *Abteilung*. Regal um Regal reihte sich aneinander. Hin Essig, zurück Öl. Ich konnte es nicht fassen. Leider war ich inzwischen einige Kilometer von der nächsten Antenne entfernt oder die Signale vermochten nicht bis zum Boden der Schluchten vorzudringen. Ich war also auf mich allein gestellt und konnte meine Frau nicht um präzisere Anweisungen zum Thema Essig bitten. Vollwürz-Essig oder lieber milden Rotweinessig. Bio- oder klar? Mit Kräutern oder leicht gesalzen? Fruchtig, also Apfel oder Himbeere? Oder doch lieber eine der 15 verschiedenen Balsamico-Sorten? Und wenn ja, rot oder weiß?.

Um nicht unverrichteter Dinge abzuziehen, begab ich mich in die Mitte des Regals, nahm eine Münze in die Hand, drehte mich mit geschlossenen Augen mehrfach um die eigene Achse und warf die Münze. Weil ich das Wagensicherungsband vergessen hatte, brach ich mir dabei zwar fast das Handgelenk, die Auswahl des Essigs war danach aber ein Leichtes. Ich dachte mir eine Zahl zwischen 1 und 10 aus, griff auf der Münze stehend in die entsprechende Etage und wuchtete einen 15 Liter Gastro-Kanister Essig für Essiggurken in meinen Wagen. Um an das Öl zu kommen, bezahlte ich einen Passanten dafür, ohne Fragen eine Flasche aus dem Regal zu nehmen. Distelöl mit Bärlauch-Aroma. Warum nicht?

Butter, das ist gut. Das ist einfach, da kann nix passieren. Das dachte ich auch noch, als am Eingang des Kühlprodukte-Kontinents ein offensichtlich schneeblinder Kunde gerade von Sanitätern in eine Alu-Decke eingerollte wurde. Vermutlich unter anderem, um den Passanten den Anblick erfrorener Gliedmaßen zu ersparen. Erst als ich nahe genug dran war und das Opfer etwas murmeln hörte, wurde ich nervös. "Halbfettstufe, streichweich, Sauerrahm, leicht gesalzen, Olivengeschmack, Kräuteraroma, Deutsche oder Irische, zum Braten und Backen". Der arme Kerl konnte sich kaum beruhigen. Ich lieh mir von einem Schaulustigen für eine Minute das Fernglas, taxierte die ungefähre Entfernung zum Butterberg, rannte ins ewige Eis, griff blind nach einem der kalten Pakete und rannte zurück in die Wärme, ohne einen Blick zurück zu werfen. Nicht nur vor Kälte fröstelnd legte ich eine Rolle Kräuterbutter für Grillfisch in den Einkaufswagen und machte mich auf den Weg zur Kasse.

Auf dem Beschleunigungsstreifen zur Kassenbahn ließ mir eine Frau erschreckt den Vortritt. Möglicherweise hatte ich zu diesem Zeitpunkt bereits einen etwas wirren Blick. Nach 10 Minuten Fahrt, kurz vor der Ausfahrt 'Schnellkasse' bog ich auf einen Rastplatz ein, ging kurz pinkeln, was durch den an mich gebundenen Einkaufswagen ebenfalls ein unvergessliches Erlebnis wurde, und entnahm einem Wandplan, dass ich über die Süßwaren-Abteilung ebenfalls zur Kasse gelangen konnte. Trotz eines bisher recht unreligiösen Lebens, sank ich kurze Zeit später auf die Knie, um Gott dafür zu danken, dass er aus der Masse der sauren Bohnen, Kirschohrringe, Lakritz-Vampire und Schaum-Erdbeeren ausgerechnet meine geliebten Cola-Flaschen ausgesucht hatte, um sie im Rahmen einer Sonderaktion auf einem separaten Display anzubieten. Was machte es da schon aus, dass das Mindesthaltbarkeitsdatum bereits seit zwei Monaten abgelaufen war? Hihihi, ist doch egal...

Ich frühstückte recht günstig in der Schlange an der Kasse und dachte somit glücklicherweise daran, dass ich auch noch Brötchen kaufen musste. Die Mini-Bäckerei kam mir geradezu lächerlich klein vor und mit dem triumphalen Wissen um die Vorliebe meiner Frau für Körner-Brötchen, ging ich auf die Theke zu. "Vier-, Fünf-, Sechs- oder doch lieber Vollkorn? Siebenkorn sind aus. Aber wir haben auch noch Wellness und Fitness!" Ich winkte erschöpft ab, kaufte die letzte Laugenstange und nahm den Bus zu meinem Auto. Als ich vom Sitz hoch- und zur Tür gerissen wurde, rettete mich der Busfahrer vor dem sicheren Tod in dem er das Band von meinem Handgelenk schnitt.

Nachdem ich auf den Kauf von Mineralwasser verzichtet hatte, weil der Hof des Getränkemarktes von den LKW vierzehn verschiedener Mineralwasserlieferanten zugeparkt war, kam ich wie im Delirium zu Hause an, küsste meine Frau und legte meine Einkäufe auf den Tisch. Als sie mich fragte, ob ich noch nicht einmal so etwas einfaches wie einkaufen erledigen könne, legte sich ein gnädiges Schwarz auf meine Sinne und ich wachte hier in diesem gepolsterten Raum auf. Gleich bekomme ich wieder diese kleinen bunten Tabletten. Ich bin gut gelaunt!

Tja liebe Leute, es scheint
als sei
der Mai
vorbei.

Nach diesem kurzen Ausflug in die Welt der Gedichte wenden wir uns nun dem Passwort für den Juni zu. Heute feiert Carl Philipp Gottfried von Clausewitz Geburtstag. Na ja, sagen wir vermutlich feiert er den. Solange man keine gesicherten Erkenntnisse über das Jenseits hat, muss man diese Einschränkung wohl machen, schließlich ist der Kerl seit über 170 Jahren tot.

Bei von Clausewitz, denken vermutlich die Wenigsten unter uns an einen preußischen General und Militärtheoretiker. Vielen fiele wahrscheinlich eher "aber immer öfter" ein, in Anlehnung an einen Werbespot für alkoholfreies Bier.

Von alkoholfreiem Bier über die Light-Produkte bringt uns unser Gedankenflug zu Wellness. Von dort ist es natürlich nur noch ein kleiner Sprung zu Loch Ness. Der sagenumwobene See liegt in Schottland (zumindest glaube ich das) und den Einwohnern dort sagt man ja nach, sie seien geizig.

Und dank einer bekannten Ladenkette haben wir damit unser Passwort ohne Umwege abgeleitet.

Es lautet GEIL!

Kann Glaube Berge versetzen?

Wenn ich mir meinen Körper so ansehe ist die Bezeichnung "Berg" durchaus nicht unangebracht. Und diesen Berg zu versetzen erfordert eine Menge Glauben.

Meine Frau hat abgenommen und Ihr werdet Euch fragen, was das mit Euch zu tun hat. Nichts, genau. Und eigentlich hat das auch nichts mit mir zu tun, obwohl ich davon profitiert habe, weil meine Frau sich jetzt besser fühlt und damit besser gelaunt ist. Aber eben nur eigentlich, denn der Gewichtsverlust war so unübersehbar, dass es zwangsläufig zu Kommentaren unserer Bekannten und Verwandten kam. "Wow, hat Deine Frau abgenommen?", "Hey, toll was Deine Frau da geschafft hat", "Du, nimm' Dir mal ein Beispiel an Deiner Frau!", "Im Vergleich zu Deiner Frau siehst Du aus wie eine Tonne"

Autsch! Hier lief doch irgendwas grundsätzlich falsch. Warum wurde ich jetzt da mit rein gezogen? Tja, keine Ahnung, aber so war es nun mal. Plötzlich fiel mir auf, dass der Bauch doch mehr über den Hosenbund hinausragte, als es bisher den Anschein hatte. Die Notwendigkeit ab Größe XL einzukaufen war wohl auch nicht auf meinen muskulösen Oberkörper zurückzuführen. Und überhaupt, war ich plötzlich froh, dass sich meine Frau überhaupt noch mit mir auf die Straße traute.

Nach dieser Erkenntnis war es dann auch nicht mehr weit bis zu dem Punkt, an dem mir klar wurde, dass Beschwörungsformeln oder TV-Sport nicht den gewünschten Erfolg mit sich bringen würden. Somit musste ich entweder bei der Kalorienzufuhr oder dem Kalorienverbrauch ansetzen. Und hier kommt der wohlbekannte Schweinehund ins Spiel. Wobei in meinem Falle die Bezeichnung Schweinehund schon verniedlichend wirkt, es war ein Schweinetitan, schier unbezwingbar! Und clever, oh, Ihr könnt Euch nicht vorstellen, wie clever diese Kreatur war. Nicht genug damit, dass sie dafür sorgte, dass mir das Essen eine so große Freude bereitet und gleichzeitig die Abneigung gegen jegliche körperliche Betätigung schürte. Nein, sie versuchte mich auch noch zu sabotieren als ich mich endlich dazu entschlossen hatte, dem Übergewicht zu Leibe zu rücken.

Zum Beispiel das Joggen. Jedes Mal wenn ich mir vornahm, am Abend laufen zu gehen, hatte ich plötzlich ein leichtes Kratzen im Hals, Schmerzen im Knie oder das untrügliche Gefühl, dass es gleich wolkenbruchartig zu regnen beginnen würde. Außerdem wurden seltsamerweise immer genau dann Fußballspiele im Fernsehen übertragen, wenn mir alle anderen Widrigkeiten erspart blieben. Ganz besonders niederträchtig war der Schweinetitan aber, als er mir in Gestalt meiner Frau entgegentrat und vorschlug, meinen 5-jährigen Sohn zum Joggen mitzunehmen. Das habe bei ihr schon mal ganz toll geklappt und die zwei Runden, die ich mir vorgenommen hatte, hätte er beim letzten Mal auch geschafft.

Gesagt, getan, doch schon kurz nach dem Start zeigte sich die ganze Verschlagenheit dieser Idee. Mein Sohn scherte sich nämlich einen Dreck um die Tatsache, dass ich schon nach wenigen hundert Metern so in Atemnot war, dass ich schon rein physisch nicht mehr in der Lage war auf seine permanenten Fragen zu antworten. Dazu kam noch die deprimierende Tatsache, dass er locker plappernd und lachend immer wieder einen Vorsprung herauslief und dann in aller Ruhe Blumen am Wegesrand betrachtete, bis ich wieder aufgeholt hatte. Als er dann auch noch nach meiner Hand griff um mit mir Hand in Hand zu laufen, war ich kurz davor, ihn mit einem klitzekleinen Stoß die Halde hinunter zu befördern.

Ok, dann eben das Essen. Leider sind Appetitzügler oder Schlankheitsdrinks, die eine ganze Mahlzeit ersetzen, bei mir wirkungslos. Nicht nur deshalb, weil ich sie nicht benutze. Ich esse nämlich, weil's mir Spaß macht. Außerdem ist es doch gar nicht so viel. Morgens ein ausreichendes Frühstück muss schon sein. Wenn dann abends Sport ansteht und ich nicht richtig zu Abend essen kann, brauche ich ein üppiges Mittagessen, damit ich den Tag durchstehe. Und nach 8 Stunden harter Arbeit (es tut dabei nichts zur Sache, dass ich mich dabei kaum aus meinem gepolsterten Sessel erhebe!) hab' ich wohl noch eine kleine Belohnung verdient. Tja und wenn dann der Schweinetitan verhindert, dass ich joggen gehe, kann ich ja doch noch zu Abend essen. Aber es ist ja nicht so, dass ich ohne nachzudenken alles in mich rein stopfe. Zum Beispiel achte ich streng darauf, dass ich nur fettarme Gummibärchen esse und auf mein Nutellabrot kommt nur Halbfett-Margarine.

Na ja, was soll ich sagen? Inzwischen ist mir aufgefallen, dass der Bauch doch nicht so weit raussteht, wenn ich den Gürtel nicht so eng schnalle. Und was das XL-Problem angeht, enge T-Shirts sind doch eh gerade in. Außerdem sorge ich jetzt immer dafür, dass wir genug Schokolade zu Hause haben. Der kann meine Frau nämlich nicht widerstehen. Und ein paar appetitanregende Tropfen dann und wann in ihr Essen gemischt, tun das Übrige um wieder zu bewährten Zuständen zurückzukehren....

Schöner wohnen

Ich gebe es ja zu, würde ich mich um die Inneneinrichtung unserer Wohnung kümmern, sähe unser Zuhause anders aus. Vermutlich wären zwar alle Zimmer mit Fernseher und/oder Beamer und Stereoanlage ausgestattet, hinsichtlich Gemütlichkeit hätte ich aber vermutlich recht schnell meinen Vorrat an Ideen aufgebraucht. Aber das liegt möglicherweise an der grundsätzlich unterschiedlichen Auffassung von gemütlichen Situationen. Für mich bedeutet ein gemütlicher Abend vor dem Fernseher, dass ich auf dem Sofa liege, mir einen guten Film anschaue, etwas zu trinken und vielleicht meine Lieblingschips auf dem Tisch stehen habe. Dazu brauche ich (nach Bedeutung geordnet) den Fernseher, ein Sofa, einen Tisch, Cola und Chips. Ausgehend von der gleichen Zielvorstellung, einem gemütlichen Abend vor dem Fernseher, sähe die Liste meiner Frau anders aus. Ebenfalls nach Bedeutung geordnet: Badewanne, Bademantel, Bodylotion, Fleece-Schlafanzug, Stricksocken mit Warme-Füße-Garantie bis minus 25°C, Sofa, Tisch, Kuscheldecke, 2-20 Kerzen, Räucherstäbchen, Teeservice, Kandiszucker, kinder-Schokolade, Fußstreichler (das bin dann ich), ein paar Themen für eine leichte Unterhaltung und ein Fernseher. Müßig zu erwähnen, dass der Fernseher nicht unbedingt laufen muss, man sieht ohnehin kaum etwas, wenn sich 2-20 Kerzen auf dem Bildschirm spiegeln.

Oder nehmen wir das Badezimmer. Unseres ist ausgestattet mit Dusche und Badewanne, einem Klo, Doppelwaschbecken und Spiegel. Klasse, alles drin was man braucht. Ok, der Klodeckel mit eingegossenen Muscheln sieht ja noch ganz originell aus, wozu man aber einen halben Deko-Shop leer kaufen muss, damit Fische von der Decke hängen, Seerosenblätter mit Fröschen drauf an der Wand kleben und blaue Glas-Seesterne den Spiegel einrahmen, verstehe ich nicht: Dazu noch ein paar hübsche Seepflanzen aus Window-Color und natürlich 2-20 Kerzen. Wobei man beachten muss, dass die Leichtigkeit und Freude mit der ein solches Badezimmer in ein Aquarium umgewandelt wird, umgekehrt proportional ist zur Duldung von Scherzen darüber. Als ich meine Frau fragte, ob ich jetzt nur noch mit meiner Seepferdchen-Badehose aufs Klo darf, hatte ich sofort einen nassen Waschlappen im Gesicht.

Wenden wir uns einem anderen Bereich zu. Einem gemütlichen Essen mit Freunden. Neben Tisch, Geschirr und Getränken benötigt man dazu eigentlich nur noch die Freunde. Dem aufmerksamen Leser wird aber sicher gleich aufgefallen sein, dass das nicht alles sein kann. Das Problem beginnt nämlich schon bei der Frage, ob man eine Tischdecke braucht. Ich: "Nee, brauchen wir nicht, wird eh nur vollgekleckert." Sie: "Ja, aber das sieht dann doch so kalt aus. "Ich: "Machen wir halt die Heizung an."

Wisst Ihr, wie es sich anfühlt, wenn man einen Kochlöffel auf den Kopf bekommt? Nein? Falls es dabei bleiben sollte, empfehle ich Euch, mehr taktisches Einfühlungsvermögen zu entwickeln, wenn es um den Tisch geht. Also, sagen wir eben: "Doch, eine Tischdecke, wäre besser, das macht die Sache gemütlicher." Aber ich bin einfach zu naiv. Was ich denn von einem Tisch-Läufer hielte, das sähe etwas edler aus. Tisch-Läufer? Nach der Bemerkung, dass der Tisch eh viel zu voll wäre um ans Laufen zu denken und dem zweiten Löffelhieb, lasse ich mich aufklären, dass das wie ein Teppich-Läufer im Flur ist, nur eben für den Tisch, weil's so schön aussieht. Für mich ist es einfach eine Tischdecke, die zu schmal ist, aber das behalte ich besser für mich.

Ich überspringe den Teil, in dem es um die Auswahl, Anzahl (fragt besser nicht!) und Lage der Tischläufer geht und setze wieder ein, wenn ich den Tisch wieder abräume, weil ich das falsche Geschirr gewählt habe. Man kann doch nicht blaue Teller auf lila Tischläufer stellen. Nein, natürlich nicht, wie soll einem da das Essen noch schmecken? Dann nehmen wir eben doch die blauen Tischläufer, nee geht auch nicht, das beißt sich mit den roten Vorhängen. Das gleiche Spiel wiederholt sich bei den passenden Servietten. Glücklicherweise haben wir nur eine Sorte Besteck und bei den Gläsern kann ich ja auch nix falsch machen. Denkste! Nicht die Sekt-Schalen, sondern die Flöten. Nicht die Weißwein- sondern die Rotweingläser, und statt meinem 0,5er Coke-Glas muss ich mich auch noch mit Kristallglas aus der Flower-Serie von Arcoroc begnügen. Aber nicht etwa, weil mein Lieblingsglas nicht zu den edlen Weingläsern passen würde, sondern weil der Rot-Ton nicht passt. Ihr wisst schon, der Tischläufer....

Meine Bemerkung, dass hoffentlich das Eis, das zum Dessert geplant ist, farblich zum Tischläufer passt, bringt mir den dritten Kochlöffelhieb ein. Dieses Mal unter Strafverschärfung, weil der Kochlöffel eben noch im kochenden Nudelwasser stand. Also sage ich besser nichts mehr und zünde die 2-20 Kerzen an.

Nach dem Essen setzen wir uns meist nach draußen in den Dschungel. Na ja, eigentlich ist es der Balkon. Durch den Zwang, alle freien Stellen voll zu stellen oder zu hängen, ist aber innerhalb kürzester Zeit eine Art botanischer Garten draus geworden. Hier eine Makramee-Ampel mit Farn, dort ein Ständer mit einer Pflanze deren Namen ich nicht behalten, geschweige denn buchstabieren kann und natürlich die unvermeidlichen Blumenkästen mit einer Auswahl schöner, bunter Sommerblumen. Was macht es da schon, dass mir aufgrund dieser Pflanzenvielfalt auch die Vielfalt der heimischen Insektenwelt auf die Pelle rückt? Dann nimm eben eine Fliegenklatsche mit raus, lautet bei entsprechenden Beschwerden der Kommentar meiner Frau. Mein Vorschlag, neben der Balkontür auch noch eine Machete bereit zu halten wird dann aber ignoriert. Verstehe einer die Frauen. Aber was soll's, da draußen gibt es keine Vorhänge und keine Tischläufer und die Farbe des Grills spielt keine Rolle, wobei ... hatte ich die Kerzen schon erwähnt?

Eine Sache, die ich aber auch mit bestem Willen nicht begreifen kann, ist die permanente Verwandlung unserer Wohnungstür. Dazu muss ich erklären, dass es sich um eine Wohnungstür im fünften Stock eines Gebäudes handelt, in dem außer unserer Wohnung nur noch ein Kaufhaus untergebracht ist. Das Treppenhaus ist nicht öffentlich und über uns liegt lediglich noch der Dachboden. Es ist keine Haustüre eines Reihenhäuschens, an dem 50% der Bewohner täglich auf dem Weg zum Bäcker vorbei gehen. Das spiele doch überhaupt keine Rolle, meint meine Frau und macht mich wieder einmal darauf aufmerksam, dass ich einfach keine Ahnung habe. Als Optimist freue ich mich aber darüber, dass zumindest dort keine Kerzen stehen.

Hallo Freunde und Freundin!

Wow, heute ist mal wieder ein Nobelpreisträger Pate für unser Passwort. 1946 gewann er den für Literatur. Aus meiner Sicht unverständlich, aber gut, mich fragt ja wieder mal keiner. Ok, zugegebenermaßen hätten sie mich gar nicht fragen können, aber nachdem ich auch in der Zeit nach meiner Geburt nie gefragt wurde, was ich von den jeweiligen Entscheidungen der Jury halte, gehe ich davon aus, dass es vor meiner Geburt genauso gewesen wäre. War. Hätte sein müssen. Gewesen sein könnte. Ähhh, lassen wir das.

Es geht natürlich um Herman Hesse, der heute 127 Jahre alt würde. Und woran denken wir, wenn wir diesen Namen hören? An einen Ministerpräsidenten, der mit zu vielen seiner Kollegen den Brei verderben könnte? Kommen wir damit zur Babynahrung und denken uns, dass es derzeit ziemlich Hipp ist auf die deutsche Fußballnationalmannschaft zu schimpfen? Gehen wir damit der Frage nach, wer Rudi Völler beerben könnte und schütteln uns vor Grauen, weil irgendjemand den Namen Loddar ins Spiel gebracht hat? Kommen wir schließlich über ein weiterer Kandidaten auf Drogenmissbrauch und damit auf das fast zwingend erscheinende Passwort "Nase"?

Mitnichten!

Vielmehr denken wir bei Hesse natürlich an Bayer. Und damit an Leverkusen. Die ewigen Zweiten. Dabei drängt sich natürlich auch der FCB auf, der dauernde Erste. Dessen Ex-Trainer, wie wir alle wissen, Völler nicht beerben will, obwohl ihn alle ganz toll finden. Toll finden wir plötzlich auch Rehagel, weil er mit den Griechen im Endspiel der EM steht. Fußballendspiele bei großen Turnieren haben nämlich keinerlei Tradition in Griechenland (Gag nur in SWR3-Land erhältlich). Dreiecke schon, deshalb hat Pythagoras sich ja intensiv mit ihnen befasst. Und wo wir gerade weit in der Vergangenheit sind, dürfen wir natürlich auch die Römer nicht vergessen. Und wenn wir an Römer denken, denken wir die spinnen. Zumindest bei Asterix. Und wer kommt uns bei Asterix und Römern sofort in den Sinn? Richtig Julius Caesar. Und warum? Weil der Asterix-Zeichner in fast prophetischer Weise vorausgeahnt haben muss, dass der [SNC] im Juli 2004 ein kurzes, einprägsames Passwort braucht und seinem Julius deshalb ein hervorstechendes körperliches Merkmal verpasste, das uns vermuten lässt, dass er einen ziemlich großen Johannes haben muss.

Deshalb lautet unser Juli-Passwort NASE

Viel Spaß weiterhin!

Auf dem Rummelplatz

Ich bin 15 und heute beginnt die Chilbi (sprich Kilbi). Jenes Heimatfest also, bei dem es eine Woche lang Autoscooter, Kettenkarussell und andere Fahrgeschäfte gibt. Wie jedes Jahr habe ich natürlich schon lange abgecheckt, was außer den Standardbuden und -karussells an Attraktionen da sein würde, in dem ich täglich am Festplatz vorbei geschaut habe. Und wie jedes Jahr habe ich mir über 200 Mark zusammengespart, die ich in dieser Woche auf den Kopf hauen würde. Fast ausschließlich für Autoscooter. Da kann man fürs gleiche Geld zu zweit fahren. Und man kann die Zeit zwischen den einzelnen Fahrten am Rand auf den Stangen sitzen um zu sehen und gesehen zu werden. Außerdem macht es am meisten Spaß.

Mit Mühe kann ich mich zurückhalten, sofort aufzubrechen, schließlich öffnet der Rummel bereits um 14:00 Uhr. Aber dann ist es noch hell, die tollen Lightshows kommen nicht so recht zur Geltung und die Mädels tauchen ebenfalls noch nicht auf. Um 19:00 Uhr ist es zwar nicht wesentlich dunkler aber ich muss schließlich um 22:00 Uhr zu Hause sein, die Zeit wird also knapp. Ich mache mich auf den Weg und sehe schon weit vor dem Festplatz die Lichtfinger, die sich in den Himmel bohren. Und ich höre das Gemisch aus Gekreische, hämmernder Musik und den Ticketverkäufern, die das Publikum animieren, jetzt noch schnell dabei zu sein.

Tausende von farbigen Glühbirnen leuchten mit meinen Augen um die Wette, als ich den Torbogen zum Festplatz passiere. Herzlich Willkommen! Ich bin begeistert und betrachte gründlich alle großen Fahrgeschäfte. Die Stroboskope, das Schwarzlicht, die Lauflichter. Ich nehme alles auf und bin hin und weg. Dann steuere ich den Autoscooter an. Dieses Jahr gibt es einen neuen Lichteffekt, der zahllose farbige Lichtstrahlen durch den Dunst der Nebelmaschine treibt. Geile Sache! Ich setze mich auf eine der Stangen, in der Ecke (eine Längs- und eine Stirnseite sind mit Planen zugehängt, hinter denen sich der Wohnwagenpark der Schausteller befindet). Jetzt lasse ich die Atmosphäre auf mich wirken, wippe mit dem Fuß zum Takt der Musik und bin glücklich.

Ich stehe auf, gehe zur Kasse, lege einen Zehn-Mark-Schein auf den Tresen und nicke cool. Ich nehme 15 Chips entgegen, verstaue sie in meinen Taschen und stelle mich an den Rand um die nächste Pause zwischen zwei Fahrten abzuwarten. Der Fahrstrom wird ausgeschaltet, die Wagen rollen aus und ich renne zu einem der neueren Scooter. Welch ein Gefühl! Ich sitze auf dem linken Sitz und mein rechter Fuß spielt in freudiger Erwartung mit dem Gaspedal. Ich beuge mich nach vorne und halte den Chip über den Einwurfschlitz, gleich würde der Signalton erklingen und die nächste Runde ankündigen.

Ein dunkles, lautes und elektronisch klingendes Hupen ertönt und meine diesjährige Jungfernfahrt beginnt. Der Scooter liegt gut und ich drehe ein paar lockere Runden und weiche dabei geschickt den Kindern aus, die versuchen mich zu rammen. Ich lenke mit der linken Hand und habe die Rechte wie in Gedanken an mein Kinn gelegt: Mein Gesicht vermittelt unglaubliche Coolness mit ein wenig Arroganz und einem Hauch gespielter Langeweile. Nachdem ich mich zwei, drei Runden eingefahren habe, lege ich mit einer schnellen Drehung am Lenkrad den Rückwärtsgang ein und fahre auf die kurze Bande zu. Genau im richtigen Moment lasse ich das Lenkrad los und die Nase meines Scooters dreht sich wieder nach vorne. Ich greife das Lenkrad wieder, nutze den Schwung und lenke Zentimeter vor der Bande ein. Eine einzige fließende Bewegung. Ich bin so cool. Und froh, hier und jetzt im Scooter zu sitzen.

Inzwischen sitzen in einem der anderen Wagen zwei Mädels. Nicht perfekt aber ganz ok. Ich folge ihnen, setze mich auf der langen Gerade neben sie und setze ein cooles Lächeln auf, als die beiden mangels Ausweichmöglichkeit frontal auf die Bande knallen. Ich lächle jetzt netter und täusche ab und zu einen Crash an, um dann knapp am Scooter der Mädels vorbei zu fahren. Eine Runde später fahren die Mädels neben mir, offensichtlich mit der Absicht, nun mich in die Bande fahren zu lassen. Kurz vor der Bande gehe ich vom Gas, reiße das Lenkrad herum und trete wieder aufs Pedal. Dadurch vollführe ich eine bilderbuchmäßige Vollbremsung und sehe mit Vergnügen, wie sich die Gesichter der Mädels verändern. Von freudigem Lachen über kurze Enttäuschung und offener Bewunderung bis hin zum Schreck, als sie selbst auf die Bande prallen. Als die Mädchen aussteigen, verlasse ich ebenfalls den Wagen und spreche noch ein wenig mit ihnen. Sie müssen leider gehen und wir verabreden uns für den nächsten Abend. Ssssstrike!

Inzwischen sind Freunde von mir aufgetaucht und wir fahren verteilt auf mehrere Scooter als Schlange durch die Menge. Uns fallen ein paar Rabauken auf, die mit ihrem Scooter wehrlose Kinder traktieren. Wir keilen Sie ein, rammen sie nacheinander, treiben sie uns gegenseitig vor den Scooter und machen sie nach allen Regeln der Kunst fertig. Man sollte sich eben nicht mit uns anlegen. Das haben die beiden Luschen wohl auch eingesehen und verlassen ihren Wagen und vermutlich auch die Stadt. Wir steigen auch aus, stehen noch eine Weile cool da und verabschieden uns voneinander. Auf dem Rückweg durch den Festplatz nehme ich noch ein paar tiefe Züge der Luft, die mit Gerüchen von Grillwurst, gebrannten Erdnüssen und Schokoäpfeln durchdrungen ist. Meine Augen leuchten noch, als ich zu Hause ins Bett sinke und den Abend Revue passieren lasse. Klasse, noch sechs Tage Chilbi und am Mittwoch ist Kindernachmittag. Dann kosten die Chips weniger. Dann gibt es 20 Stück für 10 Mark und ich werde mein restliches Geld in Autoscooter-Chips anlegen. Die Tüte liegt schon bereit. Das Leben ist schön! Obwohl die Tage schnell vergehen und die diesjährige Chilbi schon fast wieder vorbei ist. Aber die nächste Chilbi kommt bestimmt.

Ich stehe auf, endlich ist die Wartezeit vorbei und es ist wieder Chilbi. Heute fällt es mir leichter, erst abends zu gehen, weil ich einfach noch andere Sachen zu erledigen habe. Als ich daheim Chilbi nur erwähne, geht das Genörgel los. Jeden Tag Chilbi, Du bist doch kein kleines Kind mehr bla, bla, bla. Ich erledige, was zu erledigen ist und quäle mich durch den Tag, bis ich mich endlich auf den Weg mache. Am Festplatz angekommen, leuchten meine Augen zwar auch wieder, aber irgendwie ist alles anders. Der Platz kommt mir irgendwie kleiner vor und die Lampen wirken irgendwie abgenutzt. Aber das spielt keine Rolle. Da hinten steht der Autoscooter und ruft nach mir.

Ich kaufe Chips und beobachte die Szene. Cool natürlich. Auch wenn ich das Gefühl habe die anderen schauen mich verwundert an. Ich schnappe mir einen Scooter und drehe meine üblichen Lockerungsrunden. Dann die Rückwärtsfahrt mit Drehung, eine einzige fließende Bewegung. Ich versuche die Vollbremsung, rutsche aber voll in die Bande. Muss ich mich wohl verschätzt haben. Ich sehe wieder einen Scooter mit Mädels und nach dem ich die beiden ein wenig geärgert habe, packt mich in der Pause plötzlich ein Mann am Kragen und droht mir eine Abreibung an, wenn ich nicht aufhören würde seine Töchter zu belästigen. Spielverderber, dann mach' ich eben eine Pause. Ich stelle mich an den Rand und sehe cool aus. Plötzlich zupft jemand an meinem Hosenbein und eine Stimme sagt weinerlich: "Menno Papa, jetzt will ich aber auch mal fahren." Wie die Zeit vergeht ...

Eigentlich wollte ich Euch heute erzählen, dass es mal an der Zeit wäre auf den Bush zu klopfen. Also mehr auf die Bush, weil es um die First Lady geht, womit der Beweis erbracht wäre, dass auch die Wiederwahl von George W. Bush seine gute Seite hat. Sonst hätte ich bei diesem Wortspiel nämlich erklären müssen, dass es um die Frau des Ex-Präsidenten geht. Und da klingt First Lady ja schon besser. Das Problem dabei ist, dass ich gehört hatte, die Dame habe gerade Geburtstag. Heute, dachte ich. War aber wohl schon letzte Woche. Pech. Klopfen wir eben nicht auf die Bush. Vielleicht auch gar nicht so schlecht, muss doch Ihr Mann schon ne Menge einstecken aus dem 'alten' Europa...

Reden wir deshalb lieber von Barbirolli. Nein, das ist keine Barbie-Puppe, die in Anlehnung an die Baby-Born-Puppen, richtig auf's Klo kann. Nein, es geht um den englischen Dirigenten, der leider schon vor über 30 Jahren verstorben ist. Wer kennt nicht seine energiegeladenen Inszenierungen, die weltweit für Aufsehen in Funk und Fernsehen sorgten? Ich zum Beispiel und deshalb wenden wir uns einem anderen Dirigenten zu. James Last. Allein der Name sorgt für Gänsehaut. Beim einen ob der daran geknüpften Erinnerungen beim anderen eben ob der Musik. Aber wir befinden uns ja mitten in der Zeit der Besinnlichkeit und wollen deshalb andere nicht allein aufgrund ihres Musikgeschmacks diskriminieren. Dafür müssen wir uns schon noch zusätzlich Gründe einfallen lassen....

Besinnlichkeit. Sich besinnen. Aber worauf? Vielleicht darauf, das Geschwätz endlich sein zu lassen und mit dem Passwort rauszurücken? War klar, oder? Hauptsache wieder auf mir rumgehackt. Das ist wieder soo typisch für Euch. Da stellt man sich stundenlang an den Computer um Euch ein schönes PW zuzubereiten und was tut Ihr? Ihr verspottet mich. Ihr lacht mich aus und macht Euch über mich lustig. Das ist das reinste Mobbing.

Hey, gutes Passwort oder? Viel Spaß beim Zocken!

Fast Food

Was hat ein international bekannter Bulettenbrater mit einem Erotik-Shop gemeinsam? Genau, kaum einer bekennt sich gerne öffentlich dazu. Ich schon, jetzt und hier. Ja, ich esse Fast Food!

Zunächst muss ich mal diesem abwertenden Ausdruck "Fast Food" entgegen treten. Wer einmal völlig unvoreingenommen in unsere Filiale eines solchen Fast-Food-Restaurants geht und sich ein Menü mit Fanta ohne Eis, eine Kinder-Tüte mit dem gelben, nicht dem blauen Monster, einen Salat und 2 Muffins bestellt, ach ja und 'ne Extra Soße, der wird feststellen, dass das "Fast" überhaupt nicht den Tatsachen entspricht. Die Profis unter den Besuchern kennen bereits nach kurzer Zeit die Nummern der kleinen Schildchen in der Warmhalte-Rutsche und können nicht nur anhand der Verpackung sondern auch unter Zuhilfenahme des Ausschlussverfahrens bestimmen, was bestellt werden muss um sein Essen schnell auf dem Tablett zu haben. Um dann allerdings auch etwas Warmes zu bekommen, bedarf es weit mehr Beobachtungsgabe und Training. Hardcore-Junk-Food-Junkies haben grundsätzlich eine Signalpistole bei sich um dem freundlichen Studenten hinter der Theke den Weg zu weisen, nachdem sie aufgefordert wurden, sich doch schon mal zu setzen, man bringe den Burger dann an den Platz. Man sieht aber hin und wieder auch desillusionierte Weichbrötchenfreunde, die lieber vor Ort auf Ihr Essen warten und sich nur mit Gewalt von der Theke entfernen lassen.

Ein Merkmal dieser Restaurants ist die lobenswerte Philosophie möglichst vielen Menschen pro Woche den Einstieg ins Berufsleben zu ermöglichen. Überdurchschnittliche Bezahlung, 8 Wochen Urlaub und einen Geschäftswagen gibt es zwar nicht. Aber topmodische Arbeitskleidung, die einem durchschnittlich gebauten Menschen ohne Geschlecht auch perfekt passt. Und in welchem Betrieb wird man schon vergleichbar gut geschult? Und das vor allem durch die meist sehr kompetente Kundschaft.

Häufig gehören diese Restaurants zur so genannten System-Gastronomie. Das bedeutet die Zubereitung der Speisen, der Einkauf der Lebensmittel und die Werbung sind genauestens ausgetüftelt. Bei der Ausarbeitung dieses Systems muss dann auch die geniale Kombination zwischen Transportgutsicherung und Bausatz entstanden sein. Öffnet man eine Burgerschachtel findet man auf Anhieb alle Teile, die man zum Bau eines wohlschmeckenden Frikadellenbrötchens benötigt. Dabei fällt auf, dass die Käsescheibe nicht nur zentrales Bauteil sondern gleichzeitig auch Transportsicherung ist. Alle mit der Käsescheibe verbundenen Einzelteile sind sicher mit der Verpackung verbunden. Von weniger bastelfreudigen Gästen wird allerdings hin und wieder bemängelt, dass, anders als bei einigen Möbelhäusern, nur ein Bild des fertigen Bausatzes vorhanden ist, eine unverständliche Bauanleitung aber gänzlich fehlt.

Ein nie enden wollender Quell purer Freude sind die Spielzeuge, die Teil jeder Kinder-Tüte sind. Besonders angetan haben es mir diese phantasievoll gestalteten Wesen, die seltsame Geräusche von sich geben. Da bereut man schnell, dass man nicht doch die Drive-in Variante gewählt hat, bei der die Kinder nicht an der Vitrine mit den neuesten Spielzeugen vorbei kommen. Bei manchen dieser Objekte wünscht man sich außerdem, dass die Drogenfahndung die Ideenschmieden der Lieferanten einmal genauer unter die Lupe nimmt. Die Kindertüten bieten darüber hinaus auch die Möglichkeit, die Gültigkeit von Murphys Gesetz zu beweisen. Das Spielzeug, das das eigene Kind haben möchte, ist grundsätzlich nicht in der Tüte. Entweder gibt's keines mehr davon oder es ist das falsche. Egal wie viele Tüten man kauft, das gewünschte Teil bekommt man, wenn überhaupt, erst, nachdem man sich wieder durch die Schlangen an der Theke gearbeitet hat. Immerhin reagiert die Konzernleitung endlich auf diese Gesetzmäßigkeit und denkt über eigene Umtauschschalter neben der Theke nach.

Klasse ist auch das Geschicklichkeitsspiel, das kostenlos angeboten wird. Wer schafft es, das volle Tablett unfallfrei von der Theke durch die Schlange zum Tisch zu bringen? Bei Schwierigkeitsgrad zwei geht es später darum, sein Tablett so in den Tablettwagen zu schieben, dass weder die eigenen Reste, noch die der vorhergehenden 30 Gäste, in sich zusammenfallen. Um es sich leichter zu machen, könnte man die Becher natürlich, wie vorgesehen, oben auf den Wagen stellen, aber das machen nur Spielverderber.

Was mich beim Thema Sauberkeit interessieren würde, ist die Frage, ob es Naturbegabung oder Ergebnis eines ausgefeilten Fortbildungssystems ist, dass das Personal in diesen Restaurants in der Lage ist, mit einem handelsüblichen Schwammtuch die Essensreste gleichmäßig auf dem Tisch zu verteilen und dabei den Eindruck zu erwecken, die Tische würden besonders sorgfältig und porentief gereinigt. Guten Appetit!

Frauenzeitschriften

Es gibt Dinge zwischen Himmel und Erde, für die Wissenschaftler bis heute noch keine Erklärung haben. Dabei beziehe ich mich nicht etwa auf parapsychologische Phänomene oder lächerlich unwichtige Dinge, wie die Entstehung der Materie. Es geht um Frauenzeitschriften. Das sind die Magazine, bei denen man den Eindruck hat, höchstes Ziel sei es, jedem weiblichen Vornamen ein Denkmal in Form einer Zeitschrift zu setzen.

Ein durchschnittlicher Mann wird in der Regel nur auf diese fremde Welt stoßen, wenn er keine andere Wahl hat. Studien belegen, dass etwa 90% der Männer eher die Prospekte von Famila und Aldi durchlesen, bevor sie sich mit Lea, Laura und Kolleginnen beschäftigen. Böse Zungen behaupten in diesem Zusammenhang übrigens, man könne das ganz einfach ändern, wenn man diese Vornamen um ein paar einfache Worte wie „Die scharfe..." oder „...zeigt alles" ergänzte. Eine eher oberflächliche Einschätzung, da Männer bekanntlich mehr auf optische Reize stehen und den billigen Trick beim gekonnten Durchblättern sofort entlarven würden.

Neben den Titeln haben diese Frauenzeitschriften auch die Inhalte gemeinsam: Mode, Körperpflege und Rezepte. Diese Grundthemen lassen sich natürlich auch perfekt kombinieren. Mode für Mollige, Rezepte zum Abnehmen, Cremes für einen straffen Bauch, damit Mode für Mollige kein Thema ist. Die so entstehende Vielfalt ist vermutlich auch Grund für die unverzichtbaren Untertitel für diese Zeitschriften. „Voller Ideen" oder „ideenreich" steht dort nämlich. "Pah, besser als in den so genannten Männerzeitschriften" wird da so manche Frau sagen, da geht's doch nur um nackte Weiber. Mag sein, aber die sind vor den unterschiedlichsten Hintergründen abgebildet! Ebenfalls sehr einfallsreich und manchmal sind sogar zwei Frauen zusammen....aber lassen wir das.

Bei der Fülle an garantiert wirkenden Diäten fragt man sich unwillkürlich, was da schief gegangen sein mag. Warum, so denken viele Ehemänner, scheinen diese Diäten nur bei anderen Frauen zu wirken? Die Antwort auf diese Frage klärt auf einfache Weise auch die Herkunft des allseits bekannten JoJo-Effektes. Dieser wurde nämlich in den Redaktionsräumen einer Frauenzeitschrift erfunden. Auf eine Rezeptseite mit tollen Festtagsmenüs folgt in der nächsten Ausgabe ein Diätvorschlag mit dem Titel „Wie man den Festtagsspeck wieder los wird". Eine weitere Woche später folgt dann „Süße Belohnungen für zwischendurch". Faszinierend einfach, nicht wahr?

Ein wesentlicher Bestandteil sind natürlich auch Probleme. Probleme, die den Leserinnen schon bekannt sind, oder ihnen so gut gefallen, dass sie in ihr Leben übernommen werden. Nicht selten geht es dabei auch um Sex. Sex? Da horcht so mancher männliche Zeitgenosse auf. Aber Vorsicht, dort könnten Dinge stehen, die ein Mann nun wirklich nicht hören will! Zweifel? Dann seien folgende Auszüge stellvertretend für diese Büchse der Pandora zitiert: Unter dem Titel „Auszeit für die Liebe" wird besprochen, was zu tun ist, wenn die Kinder beim Sex stören. Es wird einige Zeilen beschrieben, wie Mami und Papi sich näher kommen (Achtung, Frauenzeitschrift! Diesem Bereich werden mehr als zwei Zeilen gewidmet!). Schließlich stürmen die Kinder ins Schlafzimmer und wundern sich, weshalb Mama und Papa beim Versteckspielen nackt sind. Hä, warum sind die Kinder überhaupt noch wach? Die Auflösung folgt im nächsten Satz "Es ist Samstag Nachmittag 16:00". Na klasse, sagt man sich als Mann, das war doch wohl klar, oder? Und dann stößt man(n) im nächsten Satz auf eine unfassbare Erklärung. "Sex nur in der Nacht? Da ist mir mein Schlaf wichtiger als fünf Orgasmen!" Diese Zeitschriften sind einfach nichts für Männer.

Unter anderem auch deshalb, weil Männer bei jedem dritten Satz mit einem ironischen „Ach was?" reagieren würden. Verständlich, wenn man sich beispielsweise einen der Tipps zu obigem Thema ansieht. Zitat "Es bringt meist nichts, Kinder für eine halbe Stunde um Ruhe zu bitten, sie haben ein ganz anderes Zeitgefühl – zehn Minuten sind für sie schon eine halbe Ewigkeit" Als wenn eine Mutter das nicht wüsste. Und der Mann denkt sich: 10 Minuten? Reicht doch ...

Klasse sind auch die Tipps zur Mode. Gibt es nämlich aktuell mal keine augenbeleidigenden Trends aus den Metropolen der Welt und sind keine der 4 Millionen Farben (wir Männer kommen übrigens mit wesentlich weniger aus) empfehlenswert, hilft man sich mit einem „trendigen Stilmix" oder „Schlauer Mode – Sommer Lieblingsstücke herbstlich gestylt"! Da geht's dann vom duftigen Blumenrock zur süßen Strickjacke. Moment, wo waren noch mal die Belohnungen für zwischendurch?

Bei allem Kopfschütteln muss man eines allerdings neidlos anerkennen. Die Frauenzeitschriften kümmern sich auch um die Bildung ihrer Leserinnen. Da wird erklärt, weshalb der Duschvorhang so klebt, die Milch überkocht oder, dass der längste je gemessene Penis im erigierten Zustand 34,3 cm lang ist. Es werden also auch andere Dinge enthüllt, nicht nur welcher Promi gerade wieder solo ist oder seine Frau verprügelt. Promis sind natürlich dennoch gut vertreten, Im Gegensatz zur Yellow Press heißen sie dort aber nicht "Franz König zu Hohenstein und Gräfin Sabrina" sondern Matt Damon oder Catherine Zeta Jones. Dabei werden speziell die Promifrauen häufig "ganz privat" gezeigt. Also ungeschminkt und in Alltagsklamotten. Seht her, so lautet die unterschwellige Aussage, die sehen in echt auch nur durchschnittlich aus, vor der Kamera wirken sie nur deshalb so toll, weil sie die neue Apfel-Enzym-Diät mit dem Pfirsich-Shampoo und der Lemongrass-Spülung kombinieren. Denkt immer daran, Ihr könnt genauso toll aussehen wie die Stars!

Männer werden übrigens entweder mit Sixpack (nein, damit ist nicht die handliche Trageverpackung für Bierdosen gemeint) oder in Kostümen der aktuellen Filme gezeigt. Aber ein Schelm, wer Böses dabei denkt. Frauen haben dabei keinerlei Hintergedanken.

Aber das ist vermutlich ebenso glaubwürdig wie Wunderdiäten.

Sonntagmorgen

Mit meinen fast 40 Jahren neigt sich meine Fußballerkarriere, die mich mangels Talent nur selten über die Kreisliga B (2. von unten) hinaus führte, so langsam dem Ende entgegen. Trotzdem kann ich ja beim Schauen noch locker mithalten und so hatte ich das Ende der Sommerpause herbeigesehnt. Am vergangenen Sonntag sollte unsere zweite Mannschaft (ich spiele in der Dritten) wieder starten und ich hatte mich schon gefreut.

Lange schlafen (bis 9:30) gemütlich frühstücken und dann um 10:30 pünktlich zum Anpfiff mit der Cola in der Hand auf der Terrasse des Vereinsheims stehen und das Spiel anschauen. Das war der Plan. Dazu kam es aber leider nicht. Ich erhielt am Freitag einen Anruf vom Trainer der zweiten Mannschaft. Es herrsche akute Personalnot. So akut, dass sie sogar auf mich zurückgreifen müssen. Selbst der Hinweis auf meinen erst kürzlich zurückliegenden Toskana-Urlaub (gekennzeichnet von gemütlichen Abendessen mit Spaghetti) und meine ganzheitlich katastrophale körperlicher Verfassung konnte den Trainer nicht davon abbringen, mich zum Spiel zu bestellen. Da nutzte es auch nichts mehr, dass ich darauf hinwies, dass ich seit über zwei Monaten keine wesentliche Bewegung mehr und genau 0 (null) Trainingseinheiten der Vorbereitung aufzuweisen hatte.

Statt an den Frühstückstisch setzte ich mich am Sonntag Morgen 9:30 (morgens halb zehn in Deutschland) also auf die Bank in der Kabine und war bereit mir die Trikotnummer im Bereich 12-15 zuweisen zu lassen. Dadurch hätte ich meine körperliche Belastung zumindest um mindestens 45 Minuten reduzieren können, falls nicht zufälligerweise jemand verletzt werden würde. Tja, Pech gehabt. Die Rechnung lautete nicht $x > 11 < 45$. Sondern $5 = 90$. Und das war schlicht unmöglich, sowohl mathematisch als auch körperlich.

Das schöne an der dritten Mannschaft ist, dass ich unter Gleichaltrigen bin und wir die über die Jahre die notwendige Gelassenheit entwickelt haben, die den wahren Genuss am Fußballspiel erst ermöglicht. Man trifft sich erst so ungefähr um 9:45 und trinkt dann erst mal gemütlich einen Kaffee, bevor man sich umzieht. Diese Gelassenheit erstreckt sich natürlich auch auf das Aufwärmen vor dem Spiel. Da bolzt man aufs Tor, trabt gemütlich zwei, drei Platzbreiten oder begnügt sich mit einer Breite Hopserlauf. Ich hatte mir den lockeren Trab gefolgt vom Hopserlauf angewöhnt, wobei ich danach erst mal eine Pause einlegen musste, um rechtzeitig zum Spiel wieder bei Atem zu sein.

Dementsprechend habe ich mich auch bei der Zweiten warm gemacht und mich gerade zum Luftholen auf die Ersatzbank gesetzt, als unser Spielführer zum gemeinsamen Aufwärmen rief. Ich erhob mich also wieder und lief noch einmal zwei, drei lockere Platzbreiten. Und dann noch mal zwei, drei Platzbreiten mit verschiedenen gymnastischen Übungen. Und dann noch mal zwei, drei Platzbreiten mit erhöhter Geschwindigkeit. Zum Schluss noch ein paar Steigerungsläufe und zwei, drei Sprints. Mit dieser Laufleistung absolviere ich im Normalfall locker ein ganzes Spiel und dieses mal, hatte ich noch nicht einmal den Anpfiff gehört. Den hörte ich auch ein paar Minuten später nicht, weil mir immer noch das Blut in den Ohren rauschte.

Das Spiel lief gut, ich erfüllte meine Aufgabe einigermaßen zufriedenstellend und wir lagen bei gleichmäßig verteilten Spielanteilen zur Halbzeit unglücklich mit 1:0 im Rückstand. Für mich war es ein toller Erfolg nach 45. ohne Hilfe von Mitspielern zur Bank zu gehen. Ich fühlte mich nicht annähernd so schlecht, wie ich es erwartet hatte. Die zweite Halbzeit begann nach Maß und wir erzielten den verdienten Ausgleich. Ab der 60. Minute ging's dann aber bergab. Es ist klar, dass man mit dem Alter nicht mehr ganz so fix ist und den einen oder anderen Ball nicht mehr erwischt, den man früher locker erlaufen hätte. Dass man auch Bälle, die lange in der Luft sind plötzlich nicht mehr richtig einschätzen kann, war mir indes neu. Ich lernte es auf die harte Tour. Der Ball war vermutlich mehrere Minuten in der Luft, um mich herum war weit und breit niemand, der mich hätte bedrängen können und ich wusste eigentlich schon, wohin der Ball geflogen wäre, wenn ich ihn denn getroffen hätte.

Hab ich aber nicht und deshalb ging der Gegner erneut in Führung. Dadurch kamen wir immer mehr unter Druck und ich war gezwungen mich noch mehr zu bewegen. Es kam wie es kommen musste, ein 40 Jahre alter Körper lässt sich nicht durch ein bisschen Aufwärmen austricksen. Erst zwickte die eine Wade, dann die andere und dann auch mal beide zusammen. Hätte mein Gehirn noch genügend Sauerstoff bekommen, hätte ich mir wohl gedacht, wie schön es doch gewesen wäre, draußen zu sitzen und zuzuschauen.

Und als ich da so vor mich hintaumelte, wir noch die Tore 3 bis 5 fingen und ich nur noch auf den Schlusspfiff wartete, nervte mich zu allem Übel auch noch eine Wespe, die wohl Spaß daran fand, meinen Kopf zu umkreisen. Mit einem meiner unkoordinierten

Schläge erwischte ich sie dann auch überraschenderweise. Ich traf sie und sie fiel. Nicht zu Boden, sondern in den Kragen meines Trikots. In den Schweißbächen, die meinen Rücken hinunterflossen, geriet sie verständlicherweise in Panik und tat das, was Wespen dann tun. Sie stach zu. Alles hat seine gute Seiten, sage ich immer. Und so spürte ich den Schmerz des Stiches nur noch durch den Nebel der Erschöpfung und verdrängt durch die Konzentration auf die Vermeidung beidseitiger Wadenkrämpfe.

Dabei wollte ich eigentlich nur auf der Terrasse des Vereinsheims stehen und mir mit der Cola in der Hand ein Fußballspiel ansehen...

Morgen wäre ein deutscher Komponist 151 Jahre alt geworden und wenn nicht gerade rechtzeitig der Sommer sein Comeback gefeiert hätte, wäre ich vermutlich ausnahmsweise schlecht gelaunt gewesen und hätte seinen Nachnahmen als Passwort für den September verwendet. Der gute Mann hieß nämlich Engelbert. Ätsch, zu früh gefreut, der Vorname wäre natürlich viel zu leicht gewesen. Aber "Humperdinck" hätte vermutlich beim Login einige Fehlermeldungen bzgl. des Passwortes provoziert.

Aber es ist ja doch noch mal schön geworden. Und da denkt man natürlich an den Sommer, an Sonnenschein. An "Walking on Sunshine" von Katrina and the Waves. Das führt natürlich sofort zum Hurrikane "Katrina" dessen Wave aktuell die Stadt New Orleans in den USA überschwemmt hat. Wer denkt dabei nicht sofort an die Jungfrau von Orléans, die ja tragischerweise auf dem Scheiterhaufen endete. Ziemlich heiße Angelegenheit. Und damit wären wir wieder bei unserem Anfangsthema, dem Sommer.

Aber kann der Sommer mit ein paar netten Tagen wirklich das wieder gut machen, was er uns in den vergangenen Wochen zugemutet hat? Ich denke nein. Und zur Strafe wird der Sommer es dieses Jahr nicht schaffen zum Passwort des Monats September ernannt zu werden.

Regen, niedrige Temperaturen, Wind, Einsamkeit, Ausweglosigkeit, Depression, das alles schreit natürlich geradezu nach (nein, nicht Herbst, das wäre wirklich zu billig, oder?) Hänsel. Damit schließt sich nämlich der Kreis zum morgigen Geburtstagskind. Eines der Werke von Engelbert Humperdinck heißt Hänsel & Gretel.

Und damit haben wir doch noch ein Passwort für den September 2005 gefunden. Es lautet gretel.

Viel Spaß beim Zocken!

Pech gehabt

Es ist ja üblicherweise so, dass die Frauen, die von sich aus Männer ansprechen, immer noch in der Unterzahl sind. Und ohne boshaft sein zu wollen, viele derer, die es doch tun, haben keine andere Wahl. Oder sie sehen doch gut aus und verschrecken den Angesprochenen durch zu viel Selbstbewusstsein. Wie dem auch sei, in der Regel muss der Mann den ersten Schritt tun und das ist eigentlich auch gar nicht so schwer.

Man(n) geht in eine Bar oder einen Club, sucht sich eine Frau aus, steckt sich eine Zigarette ins Gesicht und fragt dann, unter auffälligem Suchen in allen Taschen, völlig unverbindlich lächelnd nach Feuer. Damit ist der erste Kontakt hergestellt und man kann zur Phase zwei übergehen. Die Einladung zu einer Tasse Café in der Fußgängerzone. Unter der Vorraussetzung, dass es sich bei der Dame um ein erfolgversprechendes Date handelt, wird man dann die Einladung zum Italiener aussprechen. Pizza, Pasta und einen guten Wein. Das kommt an, das wird gern genommen. Der Rest geht dann ganz von selbst.

Allein, grau ist alle Theorie. Einmal abgesehen davon, dass ich nicht sonderlich viel von Bars und Clubs halte und es äußerst anstrengend finde, bei der dort üblichen Geräuschkulisse eine Unterhaltung zu führen, hätte ich in solchen Situationen mit großen Schwierigkeiten zu kämpfen. Ich bin nämlich Nichtraucher. Und das mit einer solchen Überzeugung, dass ich noch nicht mal für solch übergeordnete Ziele bereit wäre, einen Glimmstängel in den Mund zu nehmen. Selbstverständlich könnte ich auch warten, bis eine Dame meines Geschmacks eine Zigarette anzünden möchte und ihr Feuerzeug sucht. Aber selbst wenn mir das Glück derart hold wäre, würde ich scheitern. Erstens habe ich als Nichtraucher kein Feuerzeug dabei und zweitens käme eine Raucherin ohnehin nicht in Frage. Und das ist leider noch längst nicht alles.

Gehen wir in einem Anflug von Größenwahn einmal davon aus, ich hätte Stufe eins gemeistert und nach einer angenehmen Unterhaltung (wie angenehm es ist, nur Satzfetzen zu verstehen oder dem Gegenüber ins Ohr brüllen zu müssen, überlasse ich der Phantasie des Lesers) die Verabredung für Sonntag Nachmittag 15:00 Uhr in der Tasche. Im Café stehe ich dann schon vor der nächsten Herausforderung. Nicht genug damit, dass ich mit den Fachausdrücken der Branche nicht vertraut bin - einfach einen Kaffee bestellen geht ja nun wirklich nicht - , es ist auch noch so, dass ich Kaffee nicht ausstehen kann. Allein der Gedanke an den Geschmack ist mir unangenehm und habe ich dennoch versehentlich irgendetwas zu mir genommen, dass in diese Richtung schmeckt, tendiere ich zum Gurgeln mit Desinfektionsmittel.

Glücklicherweise muss ich dann aber nicht mit einer argwöhnisch hochgezogenen Augenbraue meiner Begleitung rechnen, wenn ich mir schließlich eine Cola bestelle. Dort ist sie (die Braue) nämlich schon hängen geblieben als ich die Bedienung fragte, welche Cola hier denn ausgeschenkt würde. Während die Frau dann ihren Latte Macchiato bestellt, wünsche ich mir innig, dass sie auf ihre Linie achtet und keinen Kuchen bestellt. Nicht, dass ich bei solchen Gelegenheiten meinen Dauer-Appetit nicht unter Kontrolle hätte. Es ist vielmehr so, dass ich keinen Augenbrauenkrampf verursachen möchte, indem ich ein halbes Hähnchen oder dergleichen bestelle. Ich stehe nämlich nicht so auf Kuchen.

Verlassen wir nun den Boden der Realität und stellen uns vor, ich hätte bei dieser Dame trotz Zigaretten- und Kaffee-Desaster einen guten Eindruck hinterlassen und konnte sie zu einem lauschigen Abendessen bei meinem Lieblingsitaliener bewegen. Wenigstens kann ich hier mit meiner Speisenwahl nicht ähnlich auflaufen wir im Café, aber damit ist die Katastrophen-Gefahr noch keineswegs gebannt. Das Problem rollt in der Form einer Frage auf mich zu: "Was hältst Du von einer Flasche Montepulciano?" Pessimisten und aufmerksame Leser werden es sich schon denken können: Ich mag keinen Wein.

Das ist aber nicht ganz die Wahrheit. Lambrusco finde ich eigentlich ganz gut. Er ist süß, prickelt ein wenig und vor allem darf er kalt getrunken werden. Da meine Colaabhängigkeit weniger peinlich ist als die Bekenntnis zum Lowcost-Wein, lehne ich natürlich den Wein ab und muss dann abschätzen, in wie weit meine Erfolgschancen sinken, wenn ich statt der gewünschten Flasche nur ein Glas des Weins bestelle. Ich meine man muss schon abwägen, ob sich die Investition in eine ganze Flasche auch auszahlt.

Wer jetzt glaubt, es könne eigentlich nicht mehr schlimmer kommen, der irrt. Die Dame könnte vorschlagen, nach dem Essen noch irgendwo tanzen zu gehen.

Glücklicherweise komme ich in Wirklichkeit nie in solche Situationen. Denn selbst wenn ich mich an einen Ort verirren würde, wo man Frauen trifft und es der Zufall wollte, dass ich in ein Gespräch mit einer netten Frau verwickelt werden sollte, wird sich darüber hinaus sicher nichts ergeben. Welche Frau unterhält sich schon gern über Computer, Fußball und Internetforen?

Cluburlaub

Ich war im Urlaub, in einem dieser Clubs, die alles bieten und damit die lästigen Ausflugsfahrten ins Umland überflüssig machen. Es war ein All-Inclusive-Urlaub im Fünf-Sterne-Club. "All-inclusive" bedeutet, dass mit der Bezahlung des Reisepreises alle Leistungen innerhalb der Anlage bezahlt sind. Mit Ausnahme besonderer Sachen wie Motorboot fahren, Parasailing oder Tennis bei Flutlicht. Ansonsten ist alles drin. Strandtücher, Liegen, Sonnenschirme, Getränke (auch alkoholische) und natürlich das Essen.

Sorgen wegen des Idealgewichts kann man getrost vergessen. Nach dem Urlaub in einer solchen Anlage ist man weiter denn je von diesem Ziel entfernt. Zu groß die Auswahl, zu verlockend der Geruch. Und vor allem hat man ja ausreichend Zeit, in aller Ruhe zu essen. Auch wenn man bei manchen Zeitgenossen den Eindruck hat, dass die Zeit nicht einmal dazu reicht, für Haupt- und Nachspeise zwei mal ans Büffet zu gehen. Anders sind die Berge an Nahrung, die diese Leute auf ihren Tellern zum Tisch balancieren, wohl nicht zu erklären. Aber wer eben rechtzeitig zu Clubtanz, Wasseraerobic oder Poolspiel wieder fertig sein will, muss halt Prioritäten setzen. Die geplante sportliche Betätigung muss auch als Erklärung dafür herhalten, dass die Hälfte des mühsam herangeschleppten Essens auf dem Teller verbleibt. Schließlich macht Sport mit vollem Magen keinen Spaß.

Beim Frühstück kann man übrigens eine spezielle Untergruppe dieser Hektiker sehen. Sie reduzieren den Aufenthalt im Restaurant auf das absolute Minimum. Diese beinahe bemitleidenswerte Spezies zerreißt sich nämlich in einem schier ausweglosen Konflikt. Einerseits hängt das Wohl und Wehe des Urlaubstages davon ab, dass man die richtige Liege am richtigen Platz ergattern kann. Andererseits will man nicht zur verachtenswerten Gruppe derer gehören, deren Frühsport Liegen-Reservierung heißt. Natürlich könnte man zur Vermeidung dieses Problems einfach auf das Frühstück verzichten, die Gewissheit, die optimale Liege erwischt zu haben, würde sicher den quälenden Hunger erträglich machen. Aber das geht ja nun wirklich nicht, schließlich ist das Essen kostenlos. Das solchermaßen erzwungene Essen hat allerdings auch sein Gutes, kann man auf diese Weise doch den Liegen-Reservierern wenigstens den letzten Pan-Cake, das letzte Spiegelei oder das letzte Dinkel-Vollkornbrötchen vor der Nase wegschnappen.

Es ist ohnehin absolut lächerlich. Manche von denen scheinen sich sogar den Wecker zu stellen, damit sie am Morgen als erste die freie Auswahl haben. Was für ein Schwachsinn. Ich bin da immer cleverer und warte, bis um 2:00 Uhr nachts das Sicherheitspersonal den letzten Rundgang gemacht hat und reserviere dann meine Liege. Manchmal habe ich mich am nächsten Morgen noch im Gebüsch versteckt, nur um das enttäuschte Gesicht dieser armen Irren zu sehen, wenn das Objekt der Begierde schon belegt ist. Sei's drum, Bekloppte gibt es halt überall.

Wobei sie aber in solchen Ferienanlagen verstärkt aufzutreten scheinen. Das bestätigt auch ein Gespräch, das ich im Club-Shop belauscht und beobachtet habe. Dort kann man, maßlos überteuert natürlich, nicht nur ein paar Dinge des täglichen Bedarfs kaufen, sondern auch die unvermeidlichen Postkarten. Ich stehe also da so rum und versuche meinem Sohn gerade zu erklären, dass ich für den Preis des 50g-Päckchens Gummibärchen zu Hause einen Monatsbedarf dieser Süßigkeiten kaufen könnte (erfolglos, versteht sich), als ein Mann (etwa 55, offensichtlich Deutscher) mit ein paar Postkarten in der Hand den Laden betritt. Der Verkäufer fragt "Und, wie viele haben Sie?". Der Mann antwortet nicht, sondern streckt drei Finger in die Höhe, augenscheinlich unbeeindruckt von der Tatsache, dass der Verkäufer die Frage in akzentfreiem Deutsch gestellt hatte. Doch damit nicht genug, auf die Rückfrage "Drei?" antwortet der Mann 'Yes, sree please'. Unglaublich, oder? Aber noch nicht zu Ende.

"Brauchen Sie noch Briefmarken?" - "Ähh, ja bitte" - "Wozu?" - "Ja, äh, weil ich Sie nach Deutschland schicken will." Unfassbar, da hat der Typ endlich gemerkt, dass der Verkäufer deutsch spricht und ist darüber noch so erstaunt, dass er den Gag nicht mitbekommt.

Es gibt aber nicht nur Bekloppte im Ferienclub, sondern auch Unverschämte. Und ich rede jetzt nicht von Frauen, die sich nicht darum scheren, dass ihre Brüste besser vor den Augen der Welt verhüllt bleiben sollten oder Männern, deren Bäuche gewichtigstes Argument für die Einführung einer Badeanzugspflicht sind. Nein, es geht um Kidnapper. Na ja, eigentlich sind es keine echten Kidnapper. Aber wenn ich mit meinem Sohn in Stunden mühevoller Arbeit eine Sandburg baue, nach vollbrachter Arbeit die verdiente Abkühlung im Meer nehme und beobachten muss, dass ein Vater seine beiden Kinder neben unserem Bauwerk postiert, seine Frau in der Bedienung der Kamera unterweist und sich dann stolz zu seinem Nachwuchs stellt, dann geht das schon in Richtung Kidnapping, oder?

Aber ich mag den Strand ohnehin nicht sonderlich. Nicht nur wegen des widerlichen Salzwassers oder den eben beschriebenen illegalen Sandburg-Nutzern. Das hat auch ganz praktische Gründe. Vermutlich durch zu starke Sonneneinstrahlung, hatte ich einmal einen Anfall ungewohnter Romantik und zog meine Frau deshalb auf den Boden, um mit ihr einen der berühmtesten Küsse der Filmgeschichte nachzustellen. Leider hatte ich die Brandung dabei nicht richtig eingeschätzt. Während im Film Burt Lancaster und Deborah Kerr vom Wasser nur zärtlich umspült wurden, wirbelte uns die aufschlagende Welle mehrere Sekunden durch die Gegend, um uns dann förmlich auf den Strand zurück zu spucken. Macht nichts, dachte ich mir, die romantische Absicht würde meine Frau sicher trotzdem beinahe zu Tränen rühren. Und tatsächlich hatte sie Tränen in den Augen. Allerdings war es nicht Rührung sondern der Schmerz, verursacht durch den Aufschlag ihrer Nase auf meinen Hinterkopf. Man(n) kann's den Frauen eben nicht recht machen. Und dann hatten wir auch noch den halben Strand in den Badeklamotten. Ich wusste es ja schon immer, Romantik wird im allgemeinen überbewertet.

Aber es gibt auch spaßige Momente. Zum Beispiel, wenn man am Tag der Rückreise sehr früh vom Bus abgeholt wird. Ich könnte mich über die verschlafenen, traurigen Gesichter köstlich amüsieren. Und noch besser wird es, wenn man neu zusteigende Heimfahrer mit einem lauten und fröhlichen 'Guten Morgen, endlich geht's wieder heim, was?' begrüßt. Sensationell. Auch wenn man mit einem Morgenmuffel verheiratet ist, dem ein einwöchiger Urlaub viel zu kurz ist, dieser Spaß ist schon mal ein blaues Auge wert....

Tante Ilse, keiner willse,
kommt der Koch, willse doch,
steckt sie in das Ofenloch!

Damit meine Damen und Herren, möchte die Info bezüglich des neuen Member-PW einleiten. Warum? Na weil morgen Ilse Aichinger, die österreichische Schriftstellerin ihren 84. Geburtstag feiert. Und als ich das gelesen habe, musste ich an den obigen Reim denken, mit dem wir vor vielen Jahren im Kindergarten unsere Wertschätzung für eine der Erzieherinnen (die damals noch mit der Kombination "Tante" und Vornamen angesprochen wurden) zum Ausdruck brachten. Aber das interessiert ja vermutlich keine Sau, oder?

Ok, dann wäre da natürlich noch ein anderer Schriftsteller. Ein Amerikaner, der allerdings bereits im Jahre 1900 von uns ging. Er hat uns zum Beispiel "Das Blutmahl" hinterlassen und wenn das allein noch nicht reicht, die Verbindung zu UT herzustellen, dann doch sicher sein Name. Der Kerl hieß Stephen Crane. Ob er die gleichnamige Map entworfen hat, ist bisher ungeklärt, darf aber nach aktuellem Kenntnisstand bezweifelt werden.

Vielleicht sollten wir uns aber doch woanders nach einem neuen PW umsehen. Heute ist doch Halloween, damit müsste doch was zu machen sein. Und wenn man das Offensichtliche wie Kürbis oder Süßigkeiten mal weglässt, bleibt da ja eigentlich nur Michael Meyers, Hauptfigur des Kultfilms von John Carpenter. Und woran denkt man bei diesem Film als erstes? An Blut, an Messer, an mehr oder minder gelungene Fortsetzungen? Weit gefehlt, man denkt natürlich sofort an Jamie-Lee Curtis in kurzem Rock und Kniestrümpfen. Und wenn man erst mal soweit gekommen ist, geht der Rest von ganz alleine: True Lies - Bettpfosten - Geheimagent - 007 - Pierce Brosnan - Rocher - Süßigkeiten - Kürbis äähh das führt zu nichts, scheint mir.

Also vergesst den ganzen Scheiß, wir bleiben bei Tante Ilse. Das PW für November lautet: ofenloch

Viel Spaß beim Zocken!

Quizshow

Reden wir über das Fernsehen! Reden wir über Quizshows im Allgemeinen und die Sendung 'Wer wird Millionär?' im Speziellen. Warum erfreut sich diese Sendung, die in Deutschland ein wahren Boom an Quizsendungen ausgelöst hat, ungebrochener Beliebtheit? Oberflächlich betrachtet mag es daran liegen, dass Günter Jauch einer der souveränsten Moderatoren ist und an seinen Versuchen, einen Kandidaten in einen Joker zu quatschen oder ihn davon abzuhalten bei der 100 Euro Frage den dritten Joker auch noch zu versauen. Auch die Möglichkeit, dass der durchschnittliche BLÖD-Zeitung Leser auch die Chance hat, 500 oder gar 1000 Euro zu gewinnen, wird dem unkritischen Betrachter Grund genug dafür sein, dass WWM unangefochten Quizshow Nummer Eins in der Republik ist.

Aber wir Zuschauer wissen es besser, wir sind weder oberflächlich noch unkritisch. WWM ist eine sehr gut organisierte Freakshow, wir können alle Winkel des menschlichen Gefühlslebens auskosten, wenn wir zusehen. Scham, Freude (meist Schaden-), Wut, Unglaube, Schock, Entspannung und Mitleid, ja vor allem Mitleid. Mitleid mit diesen armen Kreaturen, die nicht einmal in der Lage sind die Himmelsrichtungen richtig zu sortieren. N O S W, ist doch echt so einfach. Ach so, im Gegenuhrzeigersinn? Ja aber gewusst hätte ich's schon....

Zur Raserei treiben mich meist jene Kandidaten, die bei der Vorstellung zu Beginn der Sendung mit ihrem Maskottchen in die Kamera winken (Steigerung: Ich nehme das Ärmchen meines Teddys und winke damit). Um diesen kleinen Begleiter rankt sich dann meist noch ein putzige Geschichte, die im Extremfall auch noch mit dem Freund/Ehemann zu tun hat, der im Publikum sitzt und die Däumchen des Zwillingsteddys drückt. Krisch Plaque!

Ebenfalls eine echte Nervenprobe sind Kandidaten, die nicht in der Lage sind, Fragen einfach nur zu beantworten. Beispiel: Wie war 16 Jahre lang unser Bundeskanzler? A: Helmut Kohl B: Gerhard Schröder C: Richard Gere D: Daniel Küblböck. Das Leben könnte so schön sein, wenn sich der Kandidat einfach auf die richtige Antwort beschränken würde. "Antwort A" oder zur Not noch "A: Helmut Kohl". Aber nein, so einfach machen sie es mir nicht. Um mich zur Weißglut zu treiben wird die Antwort folgendermaßen formuliert: "Aha, ja, also B kann's schon mal nicht sein, der war zwar, glaub' ich mal Außenminister oder so was, aber bei der SPD. D ist es auch nicht, obwohl er auch bekloppt ist (<< Riesenlacher!!) und C habe ich noch nie gehört, klingt aber auch so gar nicht deutsch. Ich glaube es ist A: Helmut Kohl." Zeit für meine Baldriantropfen....

Die Auswahl des passenden Jokers ist auch so eine Sache. *Das Patenrezept* für die Entscheidung welcher Joker der bessere ist gibt es nicht. Wohl aber ein paar wirklich simple Regeln, die aber konsequent missachtet werden. Zunächst ein Mal ist es nicht klug einen Telefonjoker zu nehmen, den man vor der Show nicht angegeben hat. Das nützt es dann auch nichts, wenn man dessen Nummer zufällig im Kopf hat. Den Publikumsjoker sollte man nur nehmen, wenn man zuvor nicht schon alle Lösungen durchdiskutiert hat und sicher ist, dass Antwort B und D auf keinen Fall richtig sind. Die Hälfte des Publikums stimmt dann nämlich automatisch auch für A oder C und die Hälfte, die es wirklich wüsste (es ist Antwort D, war doch klar, oder?) wird dann verunsichert. Das führt dann zu Ergebnissen wie A 33% B 20%, C 25% und D 22%. Na vielen Dank.

Am besten finde ich es aber, wenn jemand der überhaupt keine Ahnung hat, als erstes den 50:50 Joker wählt und dann auch noch offensichtlich enttäuscht ist, dass er mit den verbleibenden beiden Antworten immer noch nichts anfangen kann. Interessant sind diesem Zusammenhang noch zwei andere Sachen. Die Kombination 50:50 und dann Publikumsjoker führt seltsamerweise immer dazu, dass auch die beiden im ersten Durchgang ausgeschlossenen Antworten zusammen noch 3-5% Zustimmung erhalten. Entweder gibt es wirklich Menschen, die trotz aller gegenteiligen Anzeichen an Ihrer Meinung festhalten oder es geht dabei getreu dem Leitspruch "Witzischkeit kennt keine Grenzen". Nicht weniger originell sind die Schwätzernaturen unter den Kandidaten, die ihrem Drang auch im Gespräch mit dem Telefonjoker nachgeben und die Hälfte der zur Verfügung stehenden Zeit mit Begrüßungsfloskeln verschwenden. Schnell, noch drei Sekunden! Ok, die Antwort lautet 100%ig ... Tja, Pech gehabt!

Ein Teil des Erfolges von WWM ist natürlich auch darauf zurückzuführen, dass der Freakshow-Fan vor dem Fernseher auch noch mitraten kann. Wobei, was heißt da eigentlich raten? Wissen, wir wissen doch die Antworten immer. Na ja, zumindest ist Chance, dass wir richtig liegen 50:50, wenn meine Frau anderer Meinung ist als ich. Aber Millionär wäre ich definitiv schon mal geworden. Wenn ich mich beworben und das Glück gehabt hätte, ausgewählt zu werden. Wenn ich weiter die Anfangsaufgabe richtig und am schnellsten gelöst hätte und dann noch die 15 Fragen gekommen wären, die ich in den vergangenen 50 Sendungen schon richtig beantwortet habe. Ich war also echt nah dran an der Million!

Typisch

Es bedarf ja eigentlich keiner weiteren Beweise für die These, Männer seien einfacher gestrickt als Frauen. In meinem letzten Badeurlaub in der Türkei fiel mir aber eine Möglichkeit auf, mit einer einfachen Aufgabenstellung auch den Skeptiker von dieser Tatsache zu überzeugen. Es ist Essenszeit in der Hotelanlage und die Gäste strömen in das Hauptrestaurant, um die All-Inclusive-Kosten wieder reinzuholen. Die Aufgabe: Beschreibe die Kleidung des typischen Mannes und die einer typischen Frau!

Das ist beim Mann, wie nicht anders zu erwarten, recht einfach. Männer treten in oben beschriebener Umgebung entweder in Badehosen und Badeschlappen oder in Sandalen und Shorts auf. Das sind die beiden Hauptgruppen, mit denen die modischen Eskapaden der Männer weitgehend abgedeckt sind. Diese Einteilung deckt etwa 80% der Männer ab. 15% kombinieren die jeweiligen Hauptmerkmale und die verbleibenden 5% lassen sich nicht eindeutig erfassen und dürfen als Paradiesvögel eingestuft werden.

Der Oberköper der Badeschlappenträger wird häufig von einem T-Shirt umspannt, das nicht selten einen originellen Spruch zeigt. "Mann in den besten Jahren" ist da zu lesen, oder "Bier formte diesen schönen Körper". Mein Favorit ist dabei allerdings "Spielen Sie Golf oder haben Sie noch Sex?". Bezeichnenderweise sehen die meisten der Träger so aus, als müsste das T-Shirt verkünden: "Ich spiele schon lange Golf". Die Badehosen selbst sind von unterschiedlichem Schnitt aber überwiegend in dunklen Tönen gehalten. Gruppe zwei (in Fachkreisen ShoSas) trägt zu Shorts und Sandalen in der Regel kurzärmlige Hemden in unterschiedlichsten Farben. Auch hier gibt es eine Untergruppe, nämlich die Sokkenträger. Dabei gilt für die Socken, je höher desto beige und für die Jeans je kürzer desto dunkelblau.

Die typische Bekleidung der Frau ist allerdings nicht annähernd so einfach zu benennen. Greifen wir einmal die Hosen als Beispiel heraus. Da gibt es 3/4, 7/8 und viele Bruchrechnenlängen mehr. Innerhalb jeder Länge gibt es bezüglich des Sitzes Abstufungen von sehr eng bis sehr weit, von Lippenlesen bis Rockattrappe also. Selbst der mathematische Laie wird hier schon erkennen, dass die Zahl der möglichen Kombinationen nur noch annähernd zu bestimmen sein dürfte. Verschärft wird diese Situation dann noch durch die Verfügbarkeit von etwa 256 Farben. Die täglich neu entstehenden Zwischenstufen (17/18, mix-fit oder neongrau) steigern die Kombinationsmöglichkeiten ins Unendliche. Die Frau, die als nächstes um die Ecke kommt, könnte aber auch einen Rock anhaben...

Das gilt selbstredend für die Schuhe. Zwar gelten Badeschlappen nach wie vor als Männerdomäne, aber auch bei den Sandalen und Flip-Flops stoßen wir auf den frauentypischen Variantenreichtum. Bei den Sandalen ist das Angebot noch übersichtlich, unterscheiden sich die meist schwarzen Modelle doch überwiegend nur in der Anzahl und Form der Riemen und der leidigen Accessoires. Bei den Flip-Flops hingegen verliert man praktisch sofort den Überblick, in krassen Einzelfällen sogar das Augenlicht.

Ein Blick auf den Farbenreichtum lässt sofort vermuten, dass deren Anzahl weit über die oben erwähnten 256 hinausgeht. Vermutlich haben Frauen lediglich für die wichtigsten 256 Farben einen Namen. Gestreift, gepunktet, bedruckt. Tokyo Hotel, Robbie Williams oder Lilifee. Dazu noch Applikationen wie Blümchen, Herzen, Strass und viele andere gleichermaßen nutzloser wie hässlicher Dinge. Es gibt sogar, und hier wird der Verständnisraum des Mannes endgültig verlassen, Flip-Flops mit Absatz.

Im Gegensatz zu den Männern, und das soll hier durchaus positiv bemerkt werden, tragen Frauen in oben beschriebener Umgebung praktisch nie Badekleidung. Es sei denn, sie haben das Kleidungsstück dabei, das vermutlich noch Jahrzehnte lang dem weiblichen Geschlecht vorbehalten ist. Die Rede ist vom Tuch.

Das klingt fahrlässig unverdächtig, hat es aber in sich. Unzählige Farben und unfassbare Muster nehmen wir schon als selbstverständlich hin. Die Größenunterschiede von Zelt bis Topflappen ebenfalls. Die Art allerdings, wie dieses Stück Stoff getragen wird, verwundert uns Männer aber stets auf's neue. Man gewinnt nämlich den Eindruck, dass die Tuchträgerinnen glauben, es handle sich bei einem Tuch um so etwas wie eine Tarnkappe. Da wird der knappe Zweiteiler nur durch ein Tuch um die Hüfte zur Abendgarderobe, auch wenn das Tuch (seitlich an der Hüfte geknotet) kaum mehr verdeckt als der Stringtanga darunter. Oder die ungeliebten Fettröllchen verschwinden unter dem Tuch, wobei Mann sich dann eh denken kann, wie es um die Figur einer Dame bestellt ist, die mit einer mobilen Sauna um den Hals herum läuft.

Bezogen auf die Essenszeit in der Ferienanlage, kann man also zusammenfassend sagen, dass man den typischen Mann mit einer Chance von 50:50 vorhersagen kann, während es vermutlich einfacher ist, einen Sechser mit Zusatzzahl vorherzusagen, als die Bekleidung der typischen Frau korrekt zu erraten.

Mahlzeit

Es ist schon erstaunlich was man so erleben kann, wenn man hin und wieder mal auswärts essen geht. Interessanterweise gehen wir in letzter Zeit häufiger in Restaurants, obwohl ich doch meiner Frau gerade versprochen habe, ihr nun öfter mal das Kochen abzunehmen. Dieses Mal fällt unsere Wahl auf den "Gasthof Hirschen", in einem nahe gelegenen Dorf. Die aus Hirschgeweihen und ausgestopften Vögeln bestehende Deko, ist natürlich Geschmacksache, aber im Gegensatz zum Fast-Food-Restaurant wird man hier immerhin am Tisch bedient. Nicht sofort, schon klar, aber man ist ja nicht auf der Flucht und wenn die Bedienung gerade noch am Stammtisch ein Schnäpschen mitnimmt kann ja wohl niemand etwas dagegen haben. Schließlich nimmt uns die Dame doch noch wahr und kommt mit resoluten Schritten auf uns zu. Dabei hat das Dirndl alle Mühe, die Fülle des Körpers im Zaume zu halten, was an den straff gespannten Lederbändeln eindeutig zu erkennen ist. Ich ziehe meinen Sohn etwas zur Seite um zu verhindern, dass er zwischen Stuhllehne und Tisch zerquetscht wird, falls die Bedienung unter Alkoholeinfluss eventuell zu spät bremst.

Sie schafft es glücklicherweise und erkundigt sich freundlich nach unseren Getränkewünschen. Ich bestelle ein Gespritztes. Nun mag in anderen Teilen Deutschlands ein Gespritztes aus Wein und Sprudel/Limo bestehen. Bei uns meint man Bierschorle, wenn man Gespritztes sagt. Sie versteht beides nicht. "Bier und Limo!" "Ach so, Radler! Kommt sofort!" Dabei wird klar, dass das Wort sofort ein außergewöhnlich dehnbarer Begriff zu sein scheint. Aber ein gut gezapftes Bier dauert eben und dadurch bleibt mehr Zeit, etwas zu essen auszusuchen. Wir entscheiden, dass unser Sohn bei uns mitisst, verwerfen den Plan allerdings wieder, als die Proteste unseres Kleinen gewalttätig zu werden drohen. Der Fisch würde mich reizen. Bodenseeforelle im Teigmantel mit Reis und gemischtem Gemüse. Aber das gemischte Gemüse behagt mir nicht. Bei meinem Glück handelt es mit Sicherheit um eine Kombination aus verkochten jungen Karotten, trockenen Erbsen und ein bisschen Lauch. Von daher tendiere ich zum Tausch Gemüse gegen Salat und bin auch bereit, die zusätzliche Gebühr für das Ändern der Beilage zu akzeptieren. Beim Überfliegen der anderen Menüs kommt mir allerdings der Verdacht, dass diese absichtlich so zusammengestellt wurden, um die Gebühr grundsätzlich berechnen zu können.

Eine Weile später reißt mich ein Tritt meines Sohnes aus meinen Gedanken, er hat Hunger. Ich erkläre ihm, dass ich das Essen schon vorne auf der Theke sehen kann und es gleich hergebracht wird. Meine Frau weist mich darauf hin, dass es dort bereits seit fünf Minuten steht und mir fällt auf, dass die Stammtischrunde die Bedienung zu einem weiteren Schnäpschen eingeladen hatte. Um die Dame auf uns aufmerksam zu machen, schreie ich meinen Sohn an, dass das Essen ja gleich kommt und er sich nicht so anstellen solle. Der sieht zwar überrascht und verstört von seinem Gameboy auf, die Taktik zeigt aber die erhoffte Wirkung und wir erhalten unser Essen. Gut bürgerlich bedeutet übrigens ausreichend große Portionen und den Verzicht auf Modeerscheinungen wie kalorienarmes Kochen. Da passt es natürlich ins Bild, dass die Bedienung die Teller abstellt, mir mit einem Zwinkern den Ellenbogen in die Seite rammt und lachend sagt: "Achtung, heiß und fettig!". Mehr oder weniger, stelle ich fest. Weniger heiß, dafür um so fettiger. Ich bereue den Beschluss, mich doch noch auf das Schnitzel Wiener Art festgelegt zu haben. Nachdem ich das tellergroße aber zeitungsdünne Stück Fleisch vom Fettrand befreit habe, erinnert es mehr an ein Schweinemedaillon als an ein Schnitzel. Von der Größe her, nicht vom Geschmack. Dafür schmeckt die Soße wie zu Hause. Nach Maggi. Die Pommes sind fast so gut wie bei McDonald's, nur dicker und nicht ganz so knusprig.

Nach einem Fischstäbchen und etwa sieben Pommes verkündet mein Sohn, er sei satt und wolle nach draußen zum Spielen. Er darf raus und ich kompensiere das entgangene Schweinefleisch mit den restlichen Fischstäbchen. Ein wenig später mache ich die Bedienung durch Winken erneut auf uns aufmerksam und deute an, dass wir zahlen wollen. Sie kommt an unseren Tisch wobei das leichte Dauergrinsen vermuten lässt, dass das dritte Schnäpschen vielleicht doch einer zu viel war. "Zusammen oder getrennt" fragt die Bedienung und bricht ob dieses Scherzes in schallendes Gelächter aus. Ich starre gebannt auf die Lederbändel und bilde mir ein, sie aufgrund der neuerlichen Belastung stöhnen zu hören. Aber es bleibt alles an seinem Platz. 20 Uhr 10, Schwarzwald, das Dirndl hält.

Ich erhalte die Rechnung über 35,50 Euro und lege mit den Worten "Stimmt so!" 35 Euro auf den Tisch, um der Dame zu beweisen, dass ich ebenfalls Humor habe. Ich ernte aber nur einen bösen, wenngleich etwas glasigen Blick. Bei Geld, speziell beim Trinkgeld, hört der Spaß wohl auf. Also lege ich noch drei Euro drauf und beuge damit einer ernsthaften Konfrontation vor. Ein weiterer Liter eingesogener Luft, aufgrund eines zu geringen Trinkgeldes, hätte die Belastungsgrenze der Lederbändel endgültig überschritten. Und so verlassen wir das Lokal mit dem angenehmen Gefühl, einer Katastrophe entgangen zu sein.

Sommer

Endlich ist sie da, die Sommerzeit und mit ihr die Badesaison. Die Sonne strahlt an einem makellos blauen Himmel, die Vögel zwitschern schon am frühen Morgen, die Leute freuen sich auf ihren bevorstehenden Urlaub, nur ich sitz hier ohne Klimaanlage in diesem beschissen heißen Büro und schwitz meine Klamotten durch.

Aber Rettung naht, der Zeiger bewegt sich unaufhaltsam auf jene magische Grenze zu, die aus einem Schweiß gebadeten Bürohengst, den aktiv-relaxten Freizeitmenschen macht. Nicht mehr lange und ich stürze mich in die kühlen Fluten unseres Freibades und werfe die Sorgen des Alltages und mit ihnen meine feuchten Klamotten hinter mich.

Doch zuvor hält das Schicksal noch die eine oder andere Aufgabe für mich bereit. Es sind nämlich genau diese Tage, an denen ich mich frage, ob es denn wirklich eine gute Idee war, ein schwarzes Auto zu wählen. Aber unsere geliebten Frauen machen es uns doch Tag für Tag vor: Wer schön sein will muss leiden. Und ich setze mich nun mal lieber in ein 60°C heißes Auto, als ein Fahrzeug zu besteigen, das aufgrund seiner Farbe - sagen wir einmal senf, mausgrau oder gar weiß, was ja als natürlicher Feind des coolen Autofahrers gilt, vom aufmerksamen Beobachter entweder als Strafe oder Beleg dafür gewertet wird, dass man gezwungen war, ein Sonderangebot zu akzeptieren.

Also, rein ins Auto und runter mit den Fenstern. Klimaanlage auf 100%, Musik auf 120% und Sonnenbrille auf die Nase. In diesem Moment überdenke ich meine Autofarbe erneut und nehme die Sonnenbrille wieder ab um meine Nasenflügel mit Brandsalbe einzuschmieren. Aber hey, die Sonne lacht und das Schwimmbad wartet.

Die Dame an der Kasse macht ein Gesicht, als säße sie ohne Klimaanlage in einem viel zu heißen Büro und schwitze die Klamotten durch. Für mich unverständlich, weil dieses kleine Kassenräumchen nun wirklich nicht mit einem Büro zu vergleichen ist. Aber die Sonne lacht und ich lächle. Möglicherweise etwas zu intensiv, denn die Dame versteht erst im dritten Anlauf, dass meine Frau bereits eine Familiensaisonkarte erworben, diese aber mit ins Bad genommen hat. Von dort müsste ich sie erst holen um zu beweisen, dass die Karte wirklich existiert. Nach einer zwanzigminütigen Verhandlung wird mir dann doch noch Zugang zur Liegewiese gewährt. Aber nur, weil ich das Lächeln konsequent durchgehalten habe. Und natürlich, weil ich 50 Euro als Pfand hinterlege.

Wasser, Abkühlung, Badespaß ich komme! Später! Zuerst muss ich in dieser Ansammlung von Müttern mit Kindern diejenige Kombination heraussuchen, die mit mir zusammen lebt. Es ist Zeit, zu bereuen, dass ich am Vorabend meiner Frau nicht genug Aufmerksamkeit geschenkt habe, als Sie mir ihren neuen Bikini vorstellte. Na ja, ist doch egal. Ich bin ein Mann, von der Natur in Jahrmillionen zum Jäger und Spurenleser ausgebildet. Offensichtlich hat die Natur aber überfüllte Freibäder nicht in den Ausbildungsplan aufgenommen. So kommt es, dass ich, dem Verdursten nahe, schon an eine Halluzination glaube, als ich endlich meinen Sohn hinter mir erfreut Papa rufen höre.

Auf einen Schlag streife ich die Erschöpfung ab und bin wieder voll da, was allerdings weniger an der Tatsache liegt, dass ich endlich meine Familie wieder in die Arme schließen kann, als viel mehr an dem kalten, harten Strahl Wasser, der mich aus der 5-Liter-Turbo-Gun meines Sohnes mitten im Gesicht trifft. Aber wenigstens werden die Brandblasen auf meiner Nase so etwas gekühlt...

Ich schnappe mir die Saisonkarte, präge mir wesentliche topographische Merkmale unseres Liegplatzes ein und mache mich auf den Weg, der Dame am Eingang zu beweisen, dass ich ihr Reich nicht in betrügerischer Absicht betreten habe. Begleitet von guten Tipps, wie ich dieses Problem künftig umgehen könne, aber immerhin wieder im Besitz meines Pfandgeldes, mache ich mich auf den Weg zurück zu meiner Familie. Das kühle Nass wartet, ich bin schon ganz heiß. Aber zunächst muss ich mich von den Strapazen der Anreise ein wenig ausruhen und lege mich in die Sonne. Weder mein Nachwuchs, der unbedingt mit mir ins Wasser will, noch die kreischenden Kinder um mich herum halten mich davon ab in den wohlverdienten Schlaf zu entgleiten.

Als die ersten Regentropfen das nahende Gewitter ankündigen, weckt mich meine Frau, damit ich Ihr helfe, die Sachen einzupacken. Sie und mein Sohn schauen mich seltsam unfreundlich an, deshalb frage ich lieber nicht, wie lange ich geschlafen habe. Auf dem Weg zum Auto lasse ich es mir nicht nehmen, der Dame an der Kasse nochmals meine Karte zu zeigen. Sicher ist sicher.

Dass ich wohl etwas länger als ein paar Minuten in der prallen Sonne gelegen habe, sagt mir das unangenehme Brennen auf Rükken und Schultern. Aber der Schmerz des Sonnenbrandes wird recht schnell bedeutungslos, als ich zum zweiten Mal an diesem Tag die glühend heiße Sonnenbrille aufsetze. Aber wie alles andere hat auch dieser Schmerz seine gute Seite. Verglichen mit meiner geschundenen Nase tun meine Hände kaum weh. Dennoch spiele ich mit dem Gedanken mit einen Sonnenschutz für das Lenkrad zu kaufen.

Genug gejammert, morgen ist ja auch noch ein Tag, die Wettervorhersage verspricht wieder einen schönen Tag, ich verspreche meinem Sohn, morgen mit ihm ins Wasser zu gehen und meiner Frau ein Essen in einem guten Restaurant. Ich hoffe nur, dass mir Temperatur und Sonnenbrand genug Schlaf lassen, damit ich morgen im Bad nicht gezwungen bin, mich zunächst wieder ein wenig auszuruhen.

Es ist wieder einmal an der Zeit, in der Hektik des modernen Lebens kurz innezuhalten und zu reflektieren, was um uns herum so geschieht. Da werden Menschen zu UT-Göttern erhoben, es werden Entscheidungen getroffen, in wenigen Monaten ein kleines Dorf im Südschwarzwald zu überfallen und der Handel denkt an einen SSV 2.0, weil die Daunenjacken wie Blei in den Regalen liegen und ein akuter Engpass an Shorts und T-Shirts droht.

Wir halten also inne und atmen tief ein. Und atmen wieder aus. Tief und bewusst. Mit geschlossenen Augen. Wir schöpfen Kraft und schonen Nerven und Netzhaut, die in den kommenden Wochen wieder unter verstärktem Stress zu leiden haben werden, weil jeder Kaktus mit einer Lichterkette geschmückt sein wird und ganze Heerscharen von Weihnachtsmännern die Fassaden der Häuser besetzen.

Wir sammeln unsere Energie in unserem Astralzentrum und sind gewappnet gegen den brutalen Kampf um die Weihnachtsgeschenke, der in diesem Jahr alles bisher Dagewesene in den Schatten stellen wird, weil manch Spielwarenhersteller bereits jetzt Lieferschwierigkeiten prognostiziert und diese Aussicht, gepaart mit dem plötzlichen Geldausgabewillen der Menschen, verheißt nichts Gutes.

So haltet ein und findet die innere Ruhe um das Losungswort unserer Gemeinschaft zu hören. Als Hort der Besinnung und der leisen Töne, als Nest für Harmoniebedürftige, als Bollwerk gegen Gewalt und Unfrieden ist unser familiärer UT-Clan von großer Bedeutung für unser aller Seelenheil, so höret nun das Wort und traget es in Euren Herzen bis das Jahr zu Ende geht. ackermann

Gehabt Euch wohl!

Einkauf

Für mich bedeutet einkaufen gehen vor allem die Konfrontation mit unzähligen Fragen. Warum, um am Eingang zu beginnen, laufen die Leute, die vor mir in den Supermarkt gehen, gerade so schnell, dass ich sie in meiner Eile nicht mit ein, zwei schnellen Schritten überholen kann? Und warum schalten die selben Leute dann direkt nach der Schranke auf Vollstopp und zwingen mich zu akrobatischen Bremsmanövern, um einem folgenschweren Auflaufunfall zu vermeiden? Wie schaffen es diese Leute aber dann trotzdem, vor mir an der Gemüsewaage zu stehen? Warum müssen manche Leute vor die Waage stehen und dann erst beginnen, Ihre Äpfel in die Tüte zu packen, die dann noch sorgfältig verknotet werden muss? Wieso bleiben sie, nachdem sie endlich den richtigen Knopf gedrückt und das Etikett entnommen haben, nochmals wertvolle Sekunden vor der Waage stehen, bis das Etikett knitterfrei auf der Tüte befestigt ist? Ich denke, auf manche Fragen gibt es einfach keine Antwort.

Ich kenne mich ja im Lehrplan der Berufsschulklassen angehender Fleisch-Fachverkäuferinnen nicht besonders gut aus. Aber ich vermute, dass man zu den Prüfungen nur dann zugelassen wird, wenn man bei Schätzfragen mindestens 25% über der korrekten Menge liegt. Geht man an die Wursttheke und bittet um ein kleines Stück Kalbsleberwurst, nimmt die freundliche Damen ein etwa 45 cm langes Stück der gewählten Wurst aus der Theke, legt es ab, setzt das Messer ziemlich genau in der Mitte an und schaut dann fragend auf. Dieser Blick bedeutet "Etwa so viel?" Nein, sagt man dann mit einem netten Lachen, das sei dann doch etwas zu groß, sie solle so etwa einen Zentimeter dick sein, die Scheibe, wir frühstücken nämlich nur sonntags, wissen Sie. Ok, das nächste Stück das angezeigt wird, dürfte dann so etwa bei 5 cm liegen, worauf gleich wieder der fragende Blick aufgesetzt wird "So recht?". Man traut sich dann meist schon nichts mehr zu sagen und schüttelt nur noch den Kopf. Wenn die Verkäuferin dann mit genervtem Blick eine 2 cm dicke Scheibe abschneidet, wehren sich in der Regel nur die ganz mutigen Kunden. Ich nehme halt doppelt so viel wie bestellt und ziehe von dannen.

Wenn man in einem Supermarkt einmal eine Frage hat, so etwas Harmloses wie "Wo finde ich denn Mülleimer-Deo?" oder "Kann ich die Tasche bis morgen zurücklegen lassen?" zum Beispiel, wird man unweigerlich an die Gültigkeit von Murphys Gesetz erinnert. Nur wenn man nichts sucht, scheint es im ganzen Laden nur so von geschäftigen Bediensteten zu wimmeln. Wenn dann aber besagte Frage auftaucht, verschwinden diese Leute alle spurlos. Und zwar etwa eine Zehntelsekunde bevor man jemanden ansprechen will. Aber selbst wenn man sich zwischen Cocktail-Soßen und Würzmischungen auf die Lauer legt, um eine der Gesuchten in seine Gewalt zu bringen, ist der Erfolg keineswegs garantiert. In der Regel erntet man auf seine Frage nämlich nur ein mitleidiges "Tut mir leid, ich bin nicht aus dieser Abteilung".

Egal, immerhin habe ich ja eine Zwei-Wochen-Ration Leberwurst und meinen Salat. Also auf zur Kasse. Dort wartet aber schon wieder eine dieser Supermarktfragen auf mich: Wie groß muss ein Schild sein, damit es bemerkt wird? Ein Schild, das in knapp zwei Metern Höhe, direkt über dem Laufweg der Kunden hängt, das knallrot lackiert und mit weißen Buchstaben beschriftet ist, ein Schild, das zudem noch einen Meter im Quadrat misst, kann normalerweise gar nicht übersehen werden. Eine Kombination aus drei Worten und einer Zahl vermag aber genau das zu bewirken. Man muss lediglich "Schnellkasse, maximal 10 Artikel" darauf schreiben und das Schild wird quasi unsichtbar. Selbst eine Schikane aus Pylonen in Verbindung mit einem grellen Blinklicht würde manche Menschen nicht daran hindern können, sich mit einem voll beladenen Einkaufswagen an diese Kasse zu stellen. Jener Einkaufswagen ist übrigens um so voller, je eiliger man es selbst hat.

Es passt dann natürlich ins Bild, dass sich in diesem Wagen mindestens ein Artikel befindet, der entweder vom Scanner nicht erkannt wird, dessen Warengruppennummer lautstark an der übernächsten Kasse erfragt werden muss oder der eben nicht pro Stück berechnet wird, sondern hätte abgewogen werden müssen. Die Lenker solcher Wagen sind es auch, die nach minutenlangem Stöbern in ihrem Geldbeutel auch noch feststellen, dass sie nicht genug Bargeld dabei haben und mit Karte bezahlen müssen. Nach einer weiteren Minute ist dann die richtige Karte endlich gefunden und wird bis zu 30 mal durch den Kartenleser gezogen, unterbrochen von Wischeinlagen an Supermarktkitteln und Sprüchen wie "Komisch, vorhin am Geldautomat hat sie noch funktioniert!". Ich erkenne in diesen Leuten in der Regel jene wieder, die mich schon am Eingang des Supermarktes und an der Waage blockiert haben.

Erfahrungsgemäß bezieht sich "Schnellkasse" ohnehin nur darauf, dass die Rollen für Kassenzettel schneller zu Ende gehen als an den anderen Kassen. Studien belegen, dass diese Schnellkassenkassenzettelrollen häufiger gewechselt werden, als es dem höheren Kundendurchsatz entspräche. Durchschnittswerte wurden nicht veröffentlicht, als Faustregel kann man jedoch davon ausgehen, dass der Rollenwechsel mit großer Wahrscheinlichkeit bei Kunden auftritt die mit einem vollbepackten Tieflader an der Schnellkasse direkt vor mir stehen. Und zwar nur, wenn ich es sehr eilig habe.

Erstaunlicherweise schafft man es aber trotzdem immer wieder, ohne Nervenzusammenbruch durch die Kassenschleuse zu kommen und lässt sich dann durch die Imbiss-Theke, die, getreu neuesten Marktforschungsuntersuchungen, direkt nach den Kassen aufgebaut sind, zum Kauf eines Wurstbrötchens hinreißen. Nach der Einkaufstortur hat man sich schließlich eine kleine Stärkung verdient. Nun ist es ja nicht so, dass ich nicht lernfähig wäre. Also wähle ich als Belag Schinken, geschnitten, 6 Scheiben. Schätzen können sie nicht, aber mit dem Zählen klappt es ganz gut. Allerdings frage ich mich beim Essen, was daran so schwer sein kann, einen in Scheiben geschnittenen Belag, dessen Fläche kleiner gleich derer des Brötchens ist, so auf eben diesem zu verteilen, dass eben nicht etwa die Hälfte der Scheiben über den Rand hängt. Aber wenigstens schmeckt es.

Gut gestärkt will man den Supermarkt nun wieder verlassen. Es bleibt allerdings bei diesem Vorsatz. Menschen, die kurz nach dem Eingang stehen bleiben, Obstetiketten sorgfältig aufkleben und 300 Artikel an der Schnellkasse mit einer nicht funktionierenden Karte bezahlen, solche Leute stehen auch im Ein-/Ausgangsbereich bei dem netten Herren, der auf seinen Verkaufstischen wahlweise wertlose Uhren, hässliche Geldbeutel oder schamlos überteuerte Süßigkeiten anbietet. Und die stehen da nicht nur einfach so, nein sie stellen ihren überfüllten Einkaufswagen auch noch quer in den Weg. Glaubt man dann eine Lücke im Strom derer zu sehen, die das Leiden noch vor sich haben und ist bereit, sich todesmutig nach

vorn in diese Lücke zu werfen entdecken Herr und Frau "Ich blok-
kiere alles und jeden" urplötzlich, dass auf den Verkaufstischen ja
doch nur wertlose Uhren, hässliche Geldbeutel oder schamlos
überteuerte Süßigkeiten angeboten werden.

Dann passiert das Unvermeidliche. Man prallt den ahnungslosen
Leuten ungebremst in den Rücken und schleicht sich nach ein paar
gestammelten Entschuldigungen geduckt zu seinem Auto. Begleitet
von Beschwerden über diese schrecklich hektischen Leute, denen
nichts schnell genug geht. Den Kratzer, den ein unbekannter Einkaufswagen an meiner Autotür hinterlassen hat, übersehe ich, weil
ein 81-jähriger die Anweisungen seiner unwesentlich jüngeren Ein-
weiserin falsch interpretiert und beim Ausparken die Stoßstange
meines Autos abreißt.

*Hatte ich schon mal erwähnt, dass ich gerne esse? Egal, ich erzähl's trotzdem. Ich
esse gerne.*

*Aber kommen wir zurück zum aktuellen Passwort. Ich hätte zu gerne etwas zum
Thema Frühling geschrieben, aber leider ist es noch nicht so weit. Und Frühling
klingt irgendwie nach Frühstück. Mein Problem war ja, dass ich übergewichtig war
und deshalb auch beim Abnehmthread voll eingestiegen bin. Aber ich schweife
ab...*

*Originell wäre natürlich auch ein PW aus dem Bereich Umweltmanagement. Zu
diesem Thema habe ich jüngst ein Seminar besucht. Dort habe ich zum Beispiel
von einer Umweltnorm gehört, die EMAS heißt, aber außerhalb Europas, zum
Beispiel in Japan keine Bedeutung hat. Und woran erinnert uns das? Genau, an
den neuen Sushi-Laden, der bei uns in der Stadt aufgemacht hat und bei dem
man klasse und vor allem viel essen kann.*

*Während ich das hier schreibe, vertilge ich gerade die letzten Haribo Happy-Cola,
die ich zu meinem letzten Geburtstag bekommen habe, so was nenne ich mal ein
sinnvolles Geschenk. Aber es fällt auf, dass meine Gedanken nur ums Essen
kreisen. Und das ist kein gutes Zeichen! Das gilt im Übrigen auch für die Ein-
buchtungen, die meine Personenwaage im Bodenbelag meines Badezimmers
hinterlässt.*

*Zusammenfassend kann es deshalb nur ein passendes Passwort für den Monat
März geben. Nämlich* fettsack

Viel Spaß weiterhin!

Spielzeug

Erinnert Ihr Euch noch an Lego? Oder an Fischer Technik? Oder an Eure Carrera-Bahn? Erinnert Ihr Euch noch daran, als Ihr mit Schreckschuss-Pistole und selbst geschnitztem Speer Cowboy und Indianer gespielt habt? Und was ist mit den Matchbox-Autos und den dazu gehörenden Bahnen? Das waren noch Zeiten, oder? Was hatten wir Spaß, wie sehr haben uns diese Spielsachen begeistert. Da vermochte es ein Video-Spiel, bei dem zwei bewegliche Rechtecke ein Quadrat über den Bildschirm schlugen, kaum ein Kind aus dem Kinderzimmer zu locken.

Die Zeiten haben sich geändert. Wie sehr sie sich geändert haben sieht man am besten, wenn man sich mal im Spielwarenladen umsieht und einen Versandhauskatalog durchblättert. Da bricht das Kind im Manne wieder durch, man bekommt glänzende Augen und stellt sich vor, welch tolle Zeit man damals hätte verbringen können, mit diesen Spielsachen. Auf der anderen Seite drängen sich allerdings, und da erkämpft sich der Erwachsene wieder nach vorne, auch eine Menge Fragen auf. Natürlich kann man nachvollziehen, dass größer und bunter einfach besser ist. Aber wenn man sich die Entwicklung auf dem Spritzpistolenmarkt ansieht, fragt man sich unweigerlich, ob nicht eventuell doch gewisse Grenzen hätten eingehalten werden sollen. Die früher so begehrten Spritzpistolen (ein Spielzeug, das diesen Namen damals noch zu recht trug) findet man heute höchstens noch an der Stirnseite eines Regals im Drogerie-Markt. Neben Herzchen-Ohrringen und Baby-Rasseln.

Ihren Platz im Spielzeugregal der Fachabteilungen/-geschäfte mussten sie räumen. Dort liegen nun schwere Waffen, die mit ihren Urvätern nur noch gemein haben, dass sie mit Wasser gefüllt werden. Inzwischen sind die Teile so groß, dass sie mit Altersfreigabe verkauft werden. Aber nicht etwa aus Angst, dass kleine Kinder Krieg spielen, sondern weil ihr heranwachsender Körper allein durch das Eigengewicht der Gewehre (nein, Pistole klingt viel zu verniedlichend) bleibende Schäden davontragen könnte. Ganz zu schweigen von der Gefahr für Leib und Leben, vermag der Wasserstrahl der Spitzenmodelle doch mühelos fingerdicke Stahlplatten zu durchschlagen. Und aufgrund der riesigen Vorratstanks mussten im letzten Sommer schon mehrere Freibäder die Benutzung dieser Waffen einschränken, weil der Wasserstand in den Becken zu sehr zu sinken drohte.

Es wäre naiv zu glauben, das sei ja alles übertrieben, es gebe ja schließlich noch die guten alten Legos. Träum' weiter! Klar, die kleinen bunten Plastikbausteine gibt es immer noch. Inzwischen sogar in vielen Zwischengrößen, die mir früher beim Nachbau von Starwars Raumschiffen gute Dienste geleistet hätten, aber wer will die schon haben? Es muss schon ein Bausatz für den Todesstern aus Starwars sein, dessen Originalbauplan nur auf Druck der UNO ohne Waffensysteme ausgeliefert wird. Aber das ist leider noch nicht alles. Um seinem Sohn den neuesten Lego-Technics Bausatz zusammenzubauen, sollte man mindestens über ein Maschinenbaustudium verfügen, damit das Ergebnis wenigstens ungefähr so aussieht wie auf der Verpackung.

Es gab natürlich auch noch anderes Spielzeug, das diese Entwicklung durchmachte. Die Kinder, die Jahre später in beigefarbenen Parkas, den Gürtel akkurat festgezogen, auf den Pausenhöfen der technischen Gymnasien standen, gaben sich nicht mit Legos ab, sondern wandten sich Fischer Technik Bausätzen zu. Aber auch dieses Lego für Streber bot noch viel Entfaltungsspielraum für die Phantasie. Und heute? Eine Grundausbildung in einer Programmiersprache wird praktisch vorausgesetzt um die aktuellen Packungen überhaupt nutzen zu können. Vermutlich kann man damit bald computergesteuerte Befüllungsanlagen für Mega-Wasser-Blaster bauen.

Der mitdenkende Leser wird nun einwenden, dass die Autorennbahnen heute auch nicht komplizierter oder gefährlicher wären als damals. Dem möchte ich nicht wiedersprechen. Wo wir aber damals eine zwei Meter lange Rennbahn in Form einer Acht stehen hatten und wo andere Kinder ehrfürchtigen Respekt ernteten, wenn ihre Bahn nicht nur mehr als zwei Kurven sondern auch noch einen Looping hatte, da sind die Eltern heute gezwungen, den Speicher auszubauen oder das Wohnzimmer zu räumen. Bei 15 Metern Rennstrecke reicht das Kinderzimmer nicht mehr aus. Man könnte natürlich beim Original, bei hochwertigen Qualitätsrennbahnen bleiben, aber deren Kauf würde finanzielle Mittel erfordern, mit denen auch der Speicher ausgebaut werden kann. Und irgendwann ziehen die Kinder ja dann eh aus und dann hat man wenigstens noch was davon.

Vor dem Hintergrund dieser Tatsachen muss man erkennen, dass dem Thema Spielzeug, und ich meine damit nicht Babyrasseln und Beißringe, in der einschlägigen Literatur für angehende oder bereits nervenkranke Eltern einfach nicht der ihm gebührende Stellenwert eingeräumt wird. Vor allem bleibt eine ganz entscheidende Frage meist gänzlich unbeantwortet. Angenommen, die Eltern haben sich noch etwas hinzuverdient und auf den Urlaub im Süden verzichtet, um ihren Kindern all diese Spielsachen zu kaufen. Wie sollen diese Eltern psychisch damit klar kommen, dass der Nachwuchs sich nur unter Androhung von Strafe vom Computer oder der Konsole löst, um die Geschenke wenigstens auszupacken? Wie sollen liebende Eltern ihre aufwallenden Aggressionen kontrollieren, wenn es dann zum Anschauen der neuen Spielzeuge nicht reicht, weil aus der Tasche der Kinder plötzlich nervenzerfetzender Lärm ertönt und sie sich wegen eines dringenden Telefonats wieder in ihr Zimmer zurück ziehen? Und was sollen derart nervlich angeschlagene Eltern dann erst tun, wenn die Kinder auch noch in die Pubertät kommen?

Das Ende naht

Kürzlich las ich einen Artikel, in dem erklärt wurde, dass der Mann an sich vom Aussterben bedroht sei. Das Y-Chromosom ist wohl schuld, weil es sich langsam aber sicher zurück bildet. Es ging nicht darum, dass es bald keine *richtigen* Männer mehr geben würde, sondern *überhaupt keine mehr*. Es wurde festgestellt, dass die Männer eigentlich nur zu einem einzigen Zeitpunkt wirklich einen Vorteil gegenüber den Frauen haben. Als Spermium auf dem Weg zur Eizelle. Weil das Y-Chromosom kleiner und damit leichter ist. Also gewinnen wir den Wettlauf. Tatsächlich kommen auf 100 Frauen 125 Männer, wenn der Körper des Embryos die Geschlechtsausbildung aktiviert. Aber schon bei der Geburt wendet sich das Blatt, da sind's dann nur noch 105 Männer auf 100 Frauen. Dazu kommt eine höhere Sterblichkeitsrate, mehr Gewaltbereitschaft und eine kürzere Lebenserwartung. Mit allerlei Fachbegriffen wurde dann beschrieben, dass der Mensch, also genauer die Frau, bald durchaus auf den Mann verzichten könne. Wir sind also ein Auslauf-Modell.

Nun bin ich auch ein Mann und kann so einen Quatsch wirklich nicht glauben. Auch wenn das mit dem Aussterben noch nicht unmittelbar bevorsteht (die Rede war von ca. 5.000 Generationen oder 125.000 Jahren) ist doch wirklich offensichtlich, dass der Mann absolut unverzichtbar ist. Und das nicht nur, weil Herbie davon singt. Wir sind knallhart, kennen keinen Schmerz und haben seit Jahrmillionen das Überleben unserer Rasse überhaupt erst möglich gemacht. So dachte ich zumindest bis ich das erste Vorrundenspiel der deutschen Damen-Fußballnationalmannschaft bei der WM in den USA gesehen habe. Da wurde mir mit aller Brutalität vor Augen geführt, dass es vielleicht nicht einmal mehr 5000 Generationen dauern würde, bis es zu Ende geht mit uns.

Ohne wissenschaftliche Grundausbildung, ohne Studium der Biologie, ja sogar ohne umfassendes Hintergrundwissen zum Thema Fußball, ließ sich an diesem Spiel erkennen, dass es nach einer Übergangszeit bis zum Ende aller Dinge nur noch ein starkes Geschlecht geben wird. Die Frau.

Früher haben sich unsere Gattinnen und Freundinnen überwiegend mit Sportarten beschäftigt, die ihrer Art angemessen schienen. Kegeln, Boccia oder Federball (nicht zu verwechseln mit Badminton, da wird beim Schlag nicht ein Bein nach hinten abgewinkelt). Sportarten also mit geringem Aggressionspotential und wenig bis keinem Körperkontakt. Damals war die Welt für uns Männer noch in Ordnung. Irgendwann strebte das angeblich schwache Geschlecht aber dann auch nach körperbetonten Spielen und nahmen dann an der WM in den USA teil. Es geht dabei allerdings nicht darum, wie gut Frauenmannschaften spielen und ob sie es jemals lernen werden. Es geht um etwas ganz anderes.

Folgende Situation, die sich im Spiel gegen Kanada ereignete. Eine deutsche Mittelfeldspielerin schickt eine deutsche Angreiferin mit einem Steilpass Richtung gegnerisches Tor. Die Torhüterin wirft sich der Stürmerin entgegen, beide Beine nach vorne ausgestreckt. Die Deutsche kann gerade noch ihre Beine aus der Gefahrenzone bringen, den Zusammenprall aber nicht mehr verhindern. Die Torhüterin rutscht halb zwischen den Beinen der Stürmerin hindurch und prallt dann mit ihrem Oberkörper voll in ihre Gegenspielerin. Die Zeitlupe zeigte unmittelbar danach nochmals die brutale Wucht dieses Fouls. Und dann passiert das Unfassbare. Beide Spielerinnen stehen auf, beugen sich nach vorne, verziehen das Gesicht vor Schmerz, gehen in die Hocke und ... spielen einfach weiter! Mit vor Staunen offenem Mund, dachte ich mir, harte Hunde äh Hündinnen, diese Mädels. Aber vermutlich war es einfach eine dieser Situationen, die wesentlich schlimmer aussehen als sie wirklich sind. Trotzdem war ich sensibilisiert und habe ein wenig darauf geachtet, wie andere Fouls aussehen und was danach passiert. Und was soll ich sagen? Da wird gegrätscht, getreten und gestoßen und diese Frauen stehen einfach auf und spielen weiter.

Ortswechsel, ein beliebiges Fußballstadion (Entschuldigung, inzwischen natürlich Arena) einer Profimannschaft der deutschen Fußballbundesliga. Ein Stürmer bewegt sich mit hoher Geschwindigkeit, den Ball elegant mit wohldosierten Berührungen des Außenrists vor sich her treibend auf, auf das gegnerische Tor zu. Wild entschlossen wirft sich der Torhüter Ball und Gegner entgegen. Ein brutaler Zusammenstoß, der Torwart bleibt offensichtlich benommen am Boden liegen, die Hände am Kopf, der Blick glasig. Der Stürmer kommt nach wenigen Pirouetten endlich zum Stillstand, mit beiden Händen unterhalb des Knies das Schienbein haltend und schmerzverzerrtem Gesicht. Es folgt eine etwa 2 minütige Behandlungspause auf dem Spielfeld, nach der der Torwart, immer noch leicht benommen, eine gelbe Karte entgegen und das Spiel wieder aufnehmen kann, während der Stürmer mit einer Trage an den Spielfeldrand gebracht und weiter behandelt wird. Wir wissen in diesem Moment natürlich, dass das Stadion zu recht Arena heißt und haben dabei die furchtlosen und schmerzunempfindlichen Gladiatoren im Hinterkopf. Bis zum erwarteten Freistoß haben wir die Gelegenheit diesen furchtbaren Zusammenstoß nochmals in Superzeitlupe zu analysieren und stellen fest, dass beide Spieler sich und den Ball nicht mehr berühren und sich geschickt (man will ja seine Gesundheit nicht aufs Spiel setzen) abrollen. Entsprechend hat der Torwart schon wieder genug Kraft und Geistesgegenwart um einen allzu aufdringlichen Gegenspieler kraftvoll wegzustoßen, während der eben gefoulte Stürmer, nach einer "Schwamm mit Wunderwasser"-Behandlung wie ein junges Reh zurück aufs Spielfeld springt.

Ganz abgesehen davon, dass inzwischen immer mehr Spieler die Tendenz zum Schauspieler aus den falschen Filmen ableiten. Anders ist es wohl kaum zu erklären, warum es derzeit in Mode ist, die Stutzen über die Knie zu ziehen. Nicht mehr lange und der erste Spieler sichert sie mit Strumpfhaltern gegen das Herunterrutschen und vermeidet alsbald jegliche Zweikämpfe aus Angst um die wertvollen Stickereien im Dekollté des Trikots.

Es ist nicht zu leugnen und zutiefst deprimierend: Aus einer einst selbstbewussten, wagemutigen, schmerzverachtenden, harten und nie aufgebenden Rasse ist eine Spezies geworden, die versucht, mit der aus dem Tierreich bekannten 'Totstell-Taktik' Konfrontationen aus dem Weg zu gehen. Ich schätze, das Magazin hatte recht, es geht zu Ende mit uns.

Das Partytier

In meinem Bekanntenkreis gelte ich als Partytier. Keine Feier die vor mir sicher wäre, keine Bar, die ich nicht in ihren Grundfesten erschüttern würde und keine Veranstaltung, bei der ich die Nachtwache nicht überflüssig gemacht hätte, weil ich ohnehin bis am nächsten Morgen blieb. Das bin ich, das Partytier.

Na ja, das ist vielleicht nicht ganz die Wahrheit. Tatsächlich stehe ich nicht so auf Feiern. Insbesondere Geburtstags- oder Familienfeiern lösen alles andere als Begeisterung bei mir aus. Mit den Bars stehe ich in der Regel auf Kriegsfuß, weil man immer ein kühles Bier bekommt und auch der Sekt kalt ist, die Cola aber in 2-Liter-nach-zwei-mal-öffnen-ist-die-Kohlensäure-raus-Flaschen hinter dem Kühlschrank aufbewahrt wird, damit sie es schön warm haben. Konfrontiert mit warmer Cola und alkoholgeschwängerter Stimmung, die man nur mit ähnlichem Pegel zu schätzen weiß, gehöre ich außerdem zu den Ersten, die solche Veranstaltungen verlassen. Alles, was in Zelten stattfindet und bei dem Bierzeltgarnituren zur beherrschenden Einrichtung gehört, ist für mich ohnehin tabu. Die Faszination des Schunkelns und der Tischklopfrituale beim Trinken hat sich mir bisher nicht erschlossen. Dank meiner Abneigung gegen das Rauchen kann ich mich auch mit Discos nicht anfreunden.

Partytier ist, so gesehen, vielleicht doch nicht zutreffend. Spaßbremse trifft es da wohl eher. Und genau da setzte meine Frau kürzlich an und legte fest, dass sich diesbezüglich etwas ändern müsse. Mein Hinweis darauf, dass es gerade mal schlappe 10 Jahre her sei, als ich das letzte mal eine Disco besuchte, verhallte ungehört. Trotz dieses brutalen Angriffs auf meine Feiermüdigkeit erwies sich meine Frau aber als gnädig und schlug den Besuch einer 70er/80er-Jahre-Party in einer Disco im Nachbarort vor. Die Zeit zwischen 1978 und 1985 (plus/minus) ist nämlich genau die Zeit, deren Musik mir auch heute noch am besten gefällt und somit hatte sie ein Lockmittel, das seine Wirkung nicht verfehlte. Wenn überhaupt, dann dorthin.

Mit dieser Entscheidung alleine ist es aber längst noch nicht getan. Schließlich gilt es, so etwas genau zu planen. Das Datum stand zwar fest, nicht jedoch der Zeitpunkt. Ich richtete mich darauf ein, gegen 20:00 frisch geduscht und eingehüllt in passende Kleidung parat zu stehen und das Projekt "Discobesuch" anzugehen. Aus diesem Grunde war ich auch recht überrascht, als meine Frau erst um halb acht von einer Freundin zurückkam und verkündete, sie nähme jetzt erst mal in aller Ruhe ein Bad. Ok, meine Frau ist keine Marathonbaderin, dennoch beschlichen mich massive Zweifel, ob sich mein Plan hinsichtlich der zeitlichen Eckpunkte noch verwirklichen lassen würde. Auf meine, äußerst vorsichtig formulierte, Nachfrage erklärte mir meine Frau mit deutlich sichtbarem Augenrollen, dass es nicht nötig sei zu den Ersten zu gehören, die die Disco betreten.

Also sah ich mir noch eine Nachrichtensendung im Fernsehen an, spielte noch ein paar Runden Solitaire am Computer und beantwortete noch einige E-Mails. Und ehe ich mich versah, stand auch schon meine Frau neben mir. Zumindest nahm ich das an, sie sah so blendend aus, dass ich erst nach dem Aufsetzen meiner Sonnenbrille sicher sein konnte, dass sie es war. Vielleicht hätte ich es ihr auch genau mit diesen Worten sagen sollen. "Das ging ja fix." schien nicht genug von meiner Begeisterung zu transportieren, sondern verursachte vielmehr eine merkliche Verdunklung ihrer Gesichtszüge, die sich auch nach dem Abnehmen der Sonnenbrille nicht veränderte.

Trotz der Startschwierigkeiten trafen wir gegen halb elf doch noch bei der Disco ein, die sich das Gebäude mit einem Tanzcafé, einer Spielothek und einem McDonald's Restaurant teilte. Da wir erst so spät ankamen, waren die Parkplätze natürlich voll. Ein Umstand, auf den ich meine Frau sicherheitshalber nicht hinwies, war doch der ursprüngliche Glanz inzwischen in ihr Gesicht zurückgekehrt. Ich parkte das Auto um die Ecke und wir genossen den 10-minütigen Fußweg als romantischen Spaziergang. Vor dem Eingang der Disco hatte sich bereits eine lange Schlange gebildet und ich spielte mit dem Gedanken, meine Frau zum Auto zurückzuschicken um meine Jacke zu holen. Nicht, dass sie es getan hätte, aber ich verkniff mir ob ihrer wiederhergestellten guten Laune doch diesen kleinen Scherz.

Vor uns mussten viele Leute ihren Ausweis zeigen, um am Sicherheitspersonal vorbeizukommen und ich hatte mir schon ein paar mögliche Reaktionen zurecht gelegt, je nach dem wie der bullige Typ mich ansprechen würde. Aber offensichtlich sahen wir alt genug aus um einfach durchgewunken zu werden. Ein Umstand, den ich meiner Frau gegenüber ebenfalls nicht aussprach.

Drin war es eigentlich noch recht angenehm, besser als ich es befürchtet hatte. Viele Leute und an einen Sitzplatz war natürlich nicht mehr zu denken. Aber man fand noch gut einen Platz in der Nähe der Tanzfläche und in geringer Entfernung zur Bar. Das änderte sich jedoch relativ schnell und nach einer Weile waren wir schon deutlich weiter von der Tanzfläche entfernt. Nicht etwa weil wir zurückgedrängt worden wären, sondern weil sich Leute einfach vor uns hinstellten und es ihnen dann ebenso erging. Ich glaube, zum Schluss war die Tanzfläche nur noch etwa einen Quadratmeter groß. Aber die Musik war klasse. Ich fühlte mich in meine Jugend zurückversetzt und kam langsam aber sicher in Schwung.

Der Fuß wippte, der Kopf bewegte sich und meine Finger begannen auf dem Rücken meiner Frau abwechselnd Keyboard oder Gitarre zu spielen. Ich war sogar kurz davor mich nach vorne zu drängeln und meinen Körper der Musik hinzugeben, schließlich lief TNT von AC/DC, meiner Lieblingsband. Ich trank einen Schluck Cola, küsste meine Frau, spielte das Ende des Titels mit und wollte gerade nach vorne treten um den nächsten Hardrocktitel voll ausleben zu können und hielt dann jäh inne. Der DJ brachte es tatsächlich fertig als nächsten Titel Jeanny von Falco laufen zu lassen. Als ich in den 80ern selbst noch bei Schulbällen auflegte, wäre ich für so einen Fehler ausgebuht worden. Wenn die Leute gut drauf waren.

Hier aber wurde einfach weiter getanzt und das stimmte mich dann doch etwas nachdenklich. Etwas in mir zerbrach. Vermutlich war es der Schutzwall aus nostalgischen Gefühlen, vergleichbar mit der rosaroten Brille. Mir wurde bewusst, dass das Kribbeln im Bauch nicht auf die Vorfreude auf die nächsten Titel herrührte. Ich war nervös weil ich ständig befürchten musste, dass mir ein anderer Gast die Zigarette durch das Hemd bohrt und der Nebenmann gleich danach versehentlich mit Bier löscht. Dadurch war ich so abgelenkt, dass ich nicht bemerkte, dass ich durch einen Keil tanzender Leiber von meiner Frau getrennt wurde. Ich rief nach ihr und kam mir dabei vor wie Rocky in jener Szene nach dem Kampf. Ob mich meine Frau einfach nicht hörte oder dachte, ich riefe nach einer Bekannten namens Adrian, kann ich nicht mehr sagen, auf jeden Fall erhielt ich keine Antwort.

Wäre dies ein normaler Abend in dieser Disco gewesen, ich hätte einfach nach der älteren Dame fragen können, aber so war mein Versuch mehr oder minder hoffnungslos. Einen speziellen Treffpunkt für Notfälle hatten wir leider auch nicht vereinbart und so steigerte sich meine Verzweiflung von Minute zu Minute. Meine Augen schmerzten vom Rauch, ich konnte vor lauter Nebel nichts mehr sehen und zusätzlich lief mir der Schweiß in die Augen. Als meine Frau dann plötzlich wieder mit zwei frischen Getränken auftauchte, brach ich vor Erleichterung in Tränen aus. Peinlich berührt ging sie mit mir vor die Tür und tröstete mich. Als ich mich wieder beruhigt hatte, konnte ich meine Frau davon überzeugen, dass wir uns auf den Heimweg machten. Ich war der Ansicht, dass ich mich ganz gut gehalten hatte, für das erste Mal nach so vielen Jahren. Und ich versprach, mir beim nächsten Mal mehr Mühe zu geben, länger durchzuhalten. Damit erntete ich einen äußerst unterkühlten Blick und die Worte : " Das, mein Schatz, dürfte bei knapp 30 Minuten ja auch nicht sonderlich schwer sein!"

Nur die Ruhe

Fliegen ist eine tolle Sache. Toll, wie sich Flugzeuge mit unfassbarer Kraft in den Himmel stemmen um dort riesige Strecken in kürzester Zeit zurückzulegen. Welch faszinierende Technik, die der Mensch da entwickelt hat. Aber wir wären ja nicht, was wir sind, hätten wir das Fliegen so einfach gemacht. Vor das Fliegen hat der Mensch nämlich noch das Warten gesetzt. Und als ob mir die Bedeutung dieses Wortes noch nicht bekannt gewesen wäre, ereilte mich kürzlich bei einer Urlaubsreise folgendes Schicksal:

Der Plan sah vor, dass ich mit meiner Frau und meinem 6-jährigen Sohn um 9:15 Uhr am Flughafen eintreffe, einchecke, die Sicherheitskontrollen überwinde, das Gate finde, um etwa 11:00 Uhr an Board gehe und in den wohlverdienten Urlaub abhebe. Der Plan war perfekt vorbereitet und die Umsetzung funktionierte perfekt. Zumindest bis zum Check-In. Zugegeben, wir hatten nicht gerade eine der Top-Five-Fluglinien gebucht, aber das war nun wirklich kein Grund, deren Schalter quasi am Ende der Welt aufzubauen. Wäre der Flughafen eine mittelalterliche Burg, hätten wir uns vermutlich im dunkelsten Kerker wiedergefunden. Allerdings erleichterte es mich ein wenig, dass nicht nur unsere Fluggesellschaft dieses Schicksal zu erdulden hatte. Unzählige andere Reisende irrten ähnlich ahnungslos wie wir durch die schier endlosen Hallen.

Dank dem uns Männern angeborenen Orientierungssinn konnte ich meine Familie aber dennoch sicher ans Ziel bringen. Auf dem Weg dorthin baten mich einige andere Reisende um eine Wegbeschreibung und ich tat natürlich mein Bestes um ihnen zu helfen. Es sei denn, sie fragten mich nach dem Schalter, den ich selbst erreichen musste. Potentielle Konkurrenten um die besten Plätze schickte ich natürlich an das entgegengesetzte Ende der Halle. Nicht ohne den Zusatz "...glaube ich, ich kenne mich hier auch nicht so gut aus". Man weiß ja nie, ob sie es vielleicht doch noch schaffen, den Flieger zu erwischen...

An unserem Flughafen sind die Check-In-Schalter in Doppelreihen angeordnet, an deren Stirnseite die Logos der hier abgefertigten Fluglinien gut sichtbar angebracht sind. Man muss sich dort entsprechend entscheiden, auf welcher Seite man sich anstellen will. Da das Schild unserer Airline auf der linken Seite angebracht war, auf den Monitoren der linken Seite ebenfalls Destinationen in der Türkei und zudem erneut das Logo unserer Airline zu sehen war, stellten wir uns also auf die linke Seite und warteten darauf, dass unser Flugziel erscheinen würde. Neben dem unfehlbaren Orientierungssinn zeichnet uns Männer nämlich auch das Erkennen und analysieren von zielführenden Hinweisen.

Dass diese Instinkte, die uns vor ein paar Tausend Jahren noch das Überleben gesichert haben, in der modernen Welt nur noch bedingt taugen, musste ich etwas später deprimiert feststellen. Auf dem Rückweg von der Toilette entdeckte ich nämlich, dass unser Flug doch auf der rechten Seite abgefertigt wurde. Aber nicht genug damit, dass wir eine halbe Stunde auf der falschen Seite gewartet hatten. Nein, zudem erkannte ich auch den Passagier wieder, den ich zuvor in das andere Terminal geschickt hatte. Er stand in der gleichen Schlange 10 Meter vor uns und wurde gerade abgefertigt. Aber da eines meiner hervorstechenden Merkmale meine ungeheure Gelassenheit ist, ertrug ich die folgenden 30 Minuten Kofferschieben, bis wir endlich zum Schalter vorgedrungen waren.

Wir bekamen trotz der vielen Passagiere vor uns noch ganz annehmbare Plätze, meine Freude darüber wurde allerdings gleich gebremst, weil uns die Dame hinter dem Schalter mitteilte, dass unser Gate noch nicht feststünde und wir doch bitte so um 11:00 Uhr besonders aufmerksam sein mögen, weil dann eine entsprechende Ansage erfolgen würde. Um 11 Uhr? Laut meinem Plan sollten wir um diese Zeit bereits an Board gehen. Mir schwante Böses. Also gingen wir mit ungutem Gefühl durch die Passkontrolle zum Passagierbereich. Dort stand auf einer großen Tafel, man möge rechtzeitig da sein, ab der Kontrolle könne es je nach Gate bis zu 25 Minuten dauern, dorthin zu kommen. Da drängte sich natürlich die Frage auf, warum man einen teuren Flug bucht, wenn man die Hälfte der Strecke laufen muss!
Um Punkt 11:00 Uhr kam dann die erwartete Durchsage. Wir mussten zu Gate E27. Also machten wir uns auf den Weg und wunderten uns, endlich dort angekommen, warum weder Personal bereit stand um unsere Bord-Karten zu prüfen, noch ein Flugzeug vor dem Fenster zu sehen war, das wir hätten besteigen können. Ein

Blick auf den Monitor bestätigte die anfänglichen Bedenken. Das stand nämlich "verspätet". Und mangels Personal konnten wir auch nicht nachfragen, wie lange die Verzögerung andauern würde.

In der darauf folgenden Wartezeit erkrankten meine Frau und ich an "Unophobie". Das ist eine noch relativ unbekannte Krankheit, die ziemlich harmlos beginnt aber zu unkontrollierten Aggressionen führen kann, wenn sie nicht rechtzeitig erkannt und behandelt wird. Bisher wurde Unophobie nur bei Eltern von 6-jährigen Jungs beobachtet, die nach den üblichen zwei Stunden Wartezeit auf dem Flughafen weitere Stunden Verspätung überbrücken müssen. Hervorgerufen wird Unophobie durch wiederholtes Spielen eines beliebten und bisher als ungefährlich geltenden Kartenspiels. Glücklicherweise verliert unser Sohn nach drei Niederlagen in Folge die Lust. Leider nur an diesem Kartenspiel, nicht an den anderen. Aber offensichtlich wird der Krankheitsverlauf durch mehrfachen Wechsel des Spiels gebremst und meine Frau und ich überstanden den zweistündigen Kartenmarathon ohne bleibende Schäden.

Die Nachwirkungen des Nervenzusammenbruchs, den wir Minuten später erlitten, werden uns allerdings noch eine geraume Zeit begleiten. Auf den Monitoren erschien nämlich die Information, dass sich der Abflug um weitere zwei Stunden verzögern würde. Während meine Frau und ich noch von freundlichen Mitreisenden betreut wurden, nutzte mein Sohn die zusätzlich gewonnene Zeit für ausführliche Versuchsreihen mit den Rolltreppen in der Nähe. Dabei testete er nicht nur, ob man eine Rolltreppe auch entgegen der Laufrichtung bezwingen kann, sondern auch ob der Handlauf in der Lage war rund 20 kg Lebendgewicht zu transportieren. Schließlich machte er dann noch ein Wettrennen mit einer Getränkeflasche. Um den Nachteil der Flasche auszugleichen (sie kann sich ja nicht bewegen) durfte sie mit den Stufen nach oben fahren, während mein Sohn die andere Rolltreppe entgegen der Laufrichtung erklomm. In meinem durch Beruhigungsmittel verursachten Delirium wunderte ich mich, dass an Rolltreppen so wenig Unfälle passierten. Nur knapp sieben Stunden nach Ankunft am Flughafen konnten wir dann schon das Flugzeug besteigen. Das nächste mal machen wir Urlaub auf Balkonien

Franz Vranitzky. DAS wäre doch mal ein tolles Passwort, oder? Der Mann war mal Bundeskanzler bei den Österreichern und könnte dafür sorgen, dass die [SNC]ler nur noch an den Öffis auftauchen, weil sie mit den Fs und Vs und Zs nicht klar kommen.

Buster Keaton würde heute seinen 108ten Geburttags feiern. Wer erinnert sich nicht an seine großartigen Slapstick-Einlagen? Slapstick-Einlagen? Mache ich von hier aus, mit Lipstick oder Slipeinlagen weiter? Weder noch, ich denke viel mehr an Dick und Doof. Oder Charlie Chaplin. Auf jeden Fall schwarzweiß. Was uns wiederum zum Lauf der Technik bringt. Als Vertreter des Jahrgangs 1967 kenne ich noch Schwarzweiß-Fernseher ohne Fernbedienung. Das muss man sich mal vorstellen. Ohne Farbe geht ja noch, aber aufstehen um umzuschalten? Irgendwo hört der Spaß wirklich mal auf.

Wie kein anderer hat sich der Erfinder der Fernbedienung um unser aller Überge-wicht verdient gemacht. Na, Übergewicht, klingelt da was? Genau. Ein Ü am Anfang. Und das mag unser Server nicht so gerne, glaube ich. Klingeln ist übri-gens ein gutes Stichwort. wo klingelt denn heute noch etwas? Außer den Ohren nach einem Rockkonzert, meine ich? An der Tür? Ein elektronischer Dreiklangs-gong ist doch kein Klingeln! Oder der Wecker? Pah, sind doch fast nur noch Radiowecker mit einem Summer der vermutlich gegen die Menschenwürde ver-stößt oder Funkuhren, deren Piepen durch Mark und Bein geht.

Mark und Bein erinnert mich irgendwie an Schlachtplatte. Mit dem Herbst sieht man ja überall wieder die entsprechenden Hinweise an den Restaurants und Gaststätten. Kesselfleich oder Blut und Leberwurst. Hmm, und dazu natürlich eine große Portion Kartoffelbrei. Na, wie wär's damit? Kartoffelbrei, ein noch nie da gewesenes Passwort. Gut verträglich und mit feinem Geschmack, wenn er richtig zubereitet ist. Aber irgendwie fehlt mir da der Bezug zu Buster Keaton. Kartoffel-brei - Buster Keaton. Nee, das haut so nicht hin.

Buster Keaton - lustig - sauer macht lustig - sauer - Schlachtplatte...Jetzt hab' ich's! Das Passwort für Oktober lautet natürlich: SAUERKRAUT

Unfassbar originell und auch noch drei Buchstaben kürzer als Kartoffelbrei.

Viel Spaß beim Zocken!

Freibad

Der Sommer ist da. Besser noch: Der Jahrhundertsommer ist da. Temperaturen über 30°, kaum eine Wolke am Himmel, was sollte man anderes tun als ins Freibad zu gehen. Und da sich die Zeiten geändert haben, erfordert das eine gute Vorbereitung. Reichte es früher noch, ein Handtuch, die Frisbee und den Geldbeutel einzupacken (Badehose hatte man ja schon an), ist man als Familienvater ohne eine ausgefeilte Checkliste hoffnungslos verloren. Das beginnt mit der Zusammenstellung der Handtücher, geht über die Auswahl der Speisen und Getränke und endet bei Kombination aus Kosmetika, Salben und homöopathischer Arzneimittel. Die verbleibenden Zwischenräume werden aufgefüllt mit Spielzeug, Ersatzbadebekleidung, Lesestoff und unzähligen anderen Dingen. Wobei vor allem sonntags erhöhter Aufwand zu treiben ist, weil man da ja die Gelegenheit hat, den ganzen Tag im Freibad zu liegen und den Sommer zu genießen. Deshalb kommt es mir ganz gelegen, wenn ich bei Temperaturen von 27°C im Schlafzimmer nicht schlafen und deshalb bereits morgens um 6:00 Uhr mit dem Packen beginnen kann. Ich wähle also eine Sporttasche von der Größe eines Zweimannzeltes und eine Kühlbox, die durchaus als Kühlschrank durchginge, wenn sie denn eine Türe hätte.

Die Auswahl der Handtücher gestaltet sich schwieriger, als man meinen könnte. Früher reichte mir einfach ein Handtuch aber als Familienvater muss man in größeren Kategorien denken. Da wird natürlich ein großes Liegehandtuch benötigt, dessen Fläche mit 3 x 3 Metern eher an der unteren Grenze liegt. Schließlich muss man immer damit rechnen, dass Bekannte auf einen Besuch vorbei kommen. Dazu kommt pro Kopf noch ein kleineres Liegehandtuch, um sich bei Bedarf entweder in die Sonne oder in den Schatten zu legen. Oder einfach um der Meute am Liegeplatz zu entkommen. Und schließlich benötigt man (genauer: meine Frau) noch ein Sitzhandtuch, für den Beckenrand oder das Schwimmbadcafé. Glücklicherweise kann man (genauer: meine Frau) dieses Handtuch auch für Besuche anderer Liegeplätze verwenden. Es gibt doch tatsächlich noch Leute, die für zufällig vorbeikommende Bekannte kein

Gästesitzhandtuch zur Verfügung stellen. Für den Fall, dass die Liege mitgenommen wird, benötigen wir dafür natürlich noch ein weiteres Handtuch.

Bei der Badebekleidung ist es noch wie früher. Eine Badehose und gut ist. Mein Sohn benötigt (aus welchen Gründen auch immer) mindestens drei Ersatzbadehosen, die er immer wechseln muss, wenn er aus dem Wasser kommt. Nicht dass er das täte, schließlich wimmelt es am Liegeplatz von gleichaltrigen Mädchen und der Weg in die Kabine ist viel zu weit. Aber die Ersatzbadehosen muss man (genauer: meine Frau) trotzdem mitnehmen. Diese beiden Positionen habe ich schnell abgehakt, bei den Bikinis meiner Frau scheitere ich aber. Zumindest nehme ich es an. Natürlich wäre die Chance auf die falsche Wahl allein schon ob der großen Vielfalt ihrer Bikinis sehr groß. Hinzu kommt aber noch die allgegenwärtige Frage nach der richtigen Farbe. Dabei gilt es, nicht nur modische Gesichtspunkte zu berücksichtigen. Nein, auch die Farbe des Beckenrandes, der Stühle im Café und natürlich der diversen Sitz- und Liegehandtücher muss beachtet werden. Ob es von Bedeutung ist, wenn der Rasen gut gewässert und kräftig grün oder nicht bewässert und verbrannt hellbraun ist, entzieht sich allerdings meiner Kenntnis.

Nächster Schritt: Freizeitgestaltung/Unterhaltung. Meine Frisbee (Original, 119 g) begleitet mich nach wie vor, zur ihr gesellen sich aber inzwischen Kartenspiele, Badminton, Fußball, Tauchring, meldepflichtige Wassergewehre und eine Reihe von Vornamen. Letztere sind Frauenzeitschriften mit dem Informationsgehalt einer Skatkarte und den unvermeidlichen Tipps, wie man in nur 2 Tagen 150% Körperfett abbauen kann. Laura, Lisa, Lena und wie sie alle heißen. Als Profi kann ich Leidensgenossen unter den Schwimmbadbedarfspackern einen Trick verraten. Man muss die Zeitschriften heimlich aufbewahren und im nächsten Jahr wieder verwenden. Da eh immer das Gleiche drin steht, wird diese kleine Täuschung kaum auffallen, der Geldbeutel wird es aber danken. Ich selbst benötige nichts (außer meiner Frisbee). Das Lesen habe ich mir schon vor Jahren abgewöhnt, weil es unmöglich ist, sich auf die Lektüre zu konzentrieren, wenn man einerseits der Frau das Wasser aus der Kühlbox geben muss, andererseits der Sohn eingecremt werden muss und dazwischen immer mal wieder Bekannte (oder was noch schlimmer ist, deren Kinder) auf eine kleine Plauderei vorbeikommen).

Früher war alles besser, zumindest war die Sonne nicht so heiß oder ich etwas unbekümmerter. Heute allerdings benötigt man Hightech-Sonnenschutzmittel. In meiner Jugend reicht ein kleines Fläschchen Tiroler Nussöl einen gesamten Sommer, heute gilt der Besitz von Sonnencreme mit einem Lichtschutzfaktor unter 30 schon als versuchte Körperverletzung. Für Kinder benötigt man LSF 40. Diese Creme wird mit einem praktischen Spachtel verkauft, der einem das Auftragen etwas erleichtert. Und wenn man die Creme an den Gelenken etwas dünner aufträgt, sind die Kinder in Ihrer Bewegungsfreiheit kaum eingeschränkt. Findige Familienväter wissen Ihre energiegeladenen Sprösslinge auf diese Weise übrigens etwas einzubremsen. Eine Brandsalbe, After-Sun-Lotion, feuchtigkeitsspendende Bodymilk für sonnenbeanspruchte Haut und ein revitalisierendes Körperwasser benötigt man (genauer: meine Frau) natürlich auch noch.

Als letztes wird die Kühlbox gepackt. Wenn der Rest der Familie dazu tendiert, nach dem Aufbruchssignal noch kurz zur Toilette zu gehen und eventuell doch das andere Paar Flip-Flops anzuziehen, empfiehlt es sich, das Signal zu geben und erst dann mit der Kühlbox zu beginnen. Damit riskiert man zwar, dass die Familie ein paar Minuten warten muss, bevor es dann wirklich losgeht, aber für eine kalte Cola muss man nun mal Opfer bringen. In diesem Zusammenhang muss man dann auch den Willen zeigen eher auf ein zusätzliches Paar Würstchen zu verzichten, als auf einen zusätzlichen Kühlakku.

Zunächst wird einer dieser Akkus auf den Boden und dort in eine Ecke der Kühlbox gelegt. Danach werden zwei Akkus ebenfalls in die Ecke, aber hochkant an die Wände der Box gelegt. Jetzt die Coke aus dem Gefrierfach holen und ebenfalls in die Ecke und auf den liegenden Akku stellen. Sofort zwei Kühlakkus an die freien Seiten der Flasche stellen und mit Tupperdosen (oder besser weiteren Kühlakkus) abstützen. Danach kann man, falls noch Platz ist, etwas für den Rest der Familie einpacken. Aber Mineralwasser kann man auch mit 30° trinken und ein warmer Kartoffelsalat hat auch noch niemanden umgebracht. Das ist zwar nicht sehr angenehm, aber bis mein Antrag auf den Betrieb eines Dieselgenerators in der Nähe unsere Liegeplatzes nicht genehmigt wird, geht es nicht anders.

Und schon kann's losgehen ins Freibad. Während Sohn und Frau das Gepäck zum Auto tragen, gehe ich noch schnell zur Toilette und nehme noch einen Schluck Coke, diese Plackerei macht schließlich durstig.

Wer kennt ihn nicht, den großen Politologen Alfred Grosser? Eben! Und genau der wird am 01.02.2006 ganze 81 Jahre alt. Und wenn man an Alfred denkt, dann kommt einem "Grosser" irgendwie falsch vor, erinnern wir uns doch noch gerne an ein Herz und eine Seele. Ein Herz und eine Seele passt übrigens auch gut zu einem anderen Geburtstagskind. Er und seine Vodka-Flasche waren auch lange Zeit unzertrennlich. Wobei Boris Jelzin vermutlich nicht die Marke Gorbatschov bevorzugt haben dürfte.

Wo war ich? Genau, in Russland. Da ist es im Winter stellenweise recht frisch draußen. Die Leute sind das aber gewöhnt und so ist es verständlich, dass die Kinder in Sibirien erst ab minus 50°C Kältefrei bekommen. Wie kalt ist es eigentlich im Weltall und wie komme ich überhaupt auf diese Frage? Ach ja, Aliens. Also nicht solche Supernature-Wesen, sondern das richtig böse Alienvieh aus den Filmen. Die spielen ja bekanntlich im All und da ist es eben auch kalt.

Auf die Alien-Filme kam ich gerade, wegen der weiblichen Hauptfigur namens Ripley. Die kommende Boardparty wurde ja gerade erst angekündigt und die findet bekanntlich in Kassel statt. Kassel? Kassler! Und wenn ich Kassler höre muss ich immer an saftige Rippchen denken und die heißen bei uns in der Gegend halt "Ripple". Und da ist der Sprung zu Ripley wirklich nicht mehr so weit, oder?

So. "Über wen reden wir hier eigentlich?" diesen schon fast legendären Ausspruch von Chicken Little aus dem Kinohit "Himmel und Huhn" möchte ich hier und jetzt klar beantworten: Keine Ahnung. Es ging irgendwie um Ekel Alien und außerirdische Alkoholiker, die sich für Politik interessieren. Dachte ich zumindest bis vor zwei Sekunden. Dann ist mir aufgefallen, dass das alles auch nur Blödsinn sein könnte und es in Wirklichkeit um das Passwort für den Februar geht.

Und tatsächlich, morgen ist der erste Februar und da ist ein neues Passwort fällig. Und das ist mein Job, stimmt, jetzt erinnere ich mich wieder. Meine Erinnerung kehrt zurück. Also denken wir an singende Katzen und nehmen als Passwort für den Februar 2006 das Wort: memories

Viel Spaß weiterhin!

Sie haben Post

Es fing eigentlich ganz harmlos an. Und doch hätte es mir komisch vorkommen müssen, als ich einen Brief von einer guten Freundin in meinem Briefkasten fand. Es ist zwar nicht so, dass ich nie handschriftliche Post bekäme. Aber es ist halt doch ein Unterschied, ob der Brief von einer Bekannten kommt oder ob es einer jener Werbebriefe ist, die in betont handschriftlicher Art Werbebotschaften mit einem Pfeil und dem Satz "Das könnte doch auch für Sie interessant sein!" unterstreichen. Schwamm drüber, ich hätte es ahnen müssen. Aber ich ahnte es nicht. In dem Brief ging es um nachträgliche Geburtstagswünsche und dass sie sich von ihrem langjährigen Freund getrennt hatte. Also durchweg positiv, ich hatte ihn eh nie leiden können.

Um die Folgen dieses Briefes abschätzen zu können, ist es natürlich wichtig, zu erwähnen, dass ich vor vielen, vielen Jahren ein Meister des Briefeschreibens war. Wo meine Altersgenossen mit sportlichen Höchstleistungen angaben um die Mädels zu beeindrukken, schrieb ich Briefe. Wo andere jene Mädels auf ihren frisierten Mofas mitnahmen schrieb, ich Briefe. Und selbst wenn manche von diesen Machos einem Mädchen unters T-Shirt griffen ... nun, lassen wir das!

Auf jeden Fall war klar, dass ich den Brief meiner Bekannten natürlich beantworten würde. Handschriftlich, mit Stift auf Papier. Und genau an diesem Punkt begannen die Probleme. Worauf also sollte ich meine Antwort schreiben?

Da kam mir die Idee doch mal in der *andere* Schublade zu schauen. Die *andere*, nicht die, in der CD-Rohlinge, Disketten und Zettel mit Passwörtern rumlagen. Die *andere*! Mit leicht flauem Gefühl in der Magengegend und heftigsten Protesten der Bewohnerin, entfernte ich zunächst Jahrhunderte alte Spinnennetze. Dann konnte ich mit Hilfe eines Stemmeisens die Schublade öffnen. Hätte ich dabei das schrille Quietschen nachhaltig eingerosteter Scharniere gehört, ich wäre nicht überrascht gewesen. Lohn für die Mühe war mein guter alter Zweckform-College-Block, gummiert (keiner dieser Spiralblocks) und aus 100% dreckig grauem Altpapier.

Nachdem die plötzlich hereinbrechende Flut von Jugenderinnerungen abgeebbt war, öffnete ich den College-Block und danach den Stift. Und danach noch einen Stift und dann noch etwa 10 andere Stifte, wobei ich mit Erstaunen zur Kenntnis nahm, welch interessante Mischung unterschiedlichster Schreibutensilien sich in wenigen Jahrzehnten zusammenfinden kann. Wie dem auch sei, irgendwann hatte ich drei schreibfähige Stifte isoliert, konnte mich aber nicht entscheiden, ob ich mit einem fetten Edding, einem Glitzerlack-Goldstift oder einem 0,2 mm 2H-Zeichenbleistift schreiben sollte. Glücklicherweise kam meine Frau auf den hilfreichen Gedanken, den Kugelschreiber beim Telefon zu nehmen. Es konnte also endlich losgehen.

Als erstes vermisste ich die Originalnachricht auf meinem Blatt. Ich hatte einige Mühe mich daran zu gewöhnen, den Blick auf den Brief zu richten, um nochmals nachzulesen, was meine Bekannte geschrieben hatte. Erstaunlicherweise hatte ich weniger Probleme die Worte zu Papier zu bringen, als ich erwartet hätte. Ok, ich musste etwa jedes fünfte bis siebte Wort durchstreichen, weil ich mich verschrieben hatte, aber das war ein Preis, den ich zu zahlen bereit war. Unangenehmer war es dann schon, wenn ich versuchte, einen ewig langen Satz sinnvoll zu beenden und zu diesem Zweck den Satzanfang nochmals durchlesen wollte. Wer in aller Welt sollte diese Sauklaue entziffern können? Ich jedenfalls nicht . Aber schließlich musste ich diesen blöden Brief ja nur schreiben, das Lesen war nicht mein Problem.

Am schlimmsten war jedoch der Verzicht auf die Smilies. Wie in aller Welt konnte jemals irgendjemand auf dieser Welt eine Nachricht aufschreiben ohne Smilies zu verwenden? Wie in aller Welt sollte man ohne Smilies deutlich machen, wie das Geschriebene zu verstehen ist? Die Notwendigkeit, plötzlich wieder so zu formulieren, dass Ironie, Spaß, Freude usw. aus den Worten selbst ersichtlich war, kostete mich etwa 3-4 Blätter. Nach gut 40 Minuten und über einer halben DIN A4-Seite begann plötzlich mein Unterarm zu zucken. Im gleichen Rhythmus verkrampften sich die Finger meiner rechten Hand. Mein Nacken schmerzte und der Schweiß tropfte mir von der Stirn auf das Blatt, wo er die ohnehin unlesbare Schrift gänzlich verschwimmen ließ. Meine Augenlider begannen zu flattern und in einer letzten Kraftanstrengung gelang es mir noch einen Gruß und meinen Namen niederzuschreiben.

Als ich wieder aufwachte, ging es mir schon viel besser und ich begann mit der Suche nach dem Senden-Button. Die Tatsache, dass mein Rechner gar nicht eingeschaltet war, erinnerte mich wieder daran, dass ein Brief und eine E-Mail eben doch nur entfernte Verwandte sind. Ich startete den Computer und suchte im Routenplaner den Weg zu nächsten Briefkasten. Um in dieser letzten Phase keinen Fehler mehr zu begehen, rief ich unter falschem Namen bei der Post an und fragte mit verstellter Stimme, was weiter zu tun sei. Umschlag, aha. Und Briefmarke.

Ich erstand beides im Kaufhaus um die Ecke, adressierte den Brief wie gewohnt mit sabine@post.de und warf ihn ein. Bedauerlicherweise erhielt ich weder eine Sendebestätigung von diesem gelben Kasten noch fand ich in meinem Mail-Programm eine Kopie des abgesendeten Briefes.

Vermutlich musste bei der Übertragung etwas schief gegangen sein, denn selbst nach mehreren Tagen hatte ich noch keine Antwort erhalten. Wahrscheinlich ein Problem mit dem Spam-Ordner meiner Freundin...

Urlaub

Sage nur keiner ich hätte ja nicht buchen *müssen*. Klar, da war niemand, der mir die Pistole an die Schläfe gehalten oder gedroht hätte, verfängliche Fotos an die Lokalpresse weiterzuleiten. Aber wenn Freunde und vor allem meine Frau der Ansicht sind, wir müssten Urlaub machen, dann heißt die Frage nicht *ob*, sondern nur *wann*! Zwei Wochen Griechenland. 14 Tage! Aber gut, es schadet mir vermutlich nicht, mal eine Weile nicht zu arbeiten.

Die Urlaubsreise lief im großen ganzen eigentlich perfekt. Zumindest bis zu unserer Ankunft auf Rhodos. Es begann mit einem komischen Gefühl, das der Transfer vom Flughafen zum Hotel hervorrief. Die Fahrt dauerte etwa eine halbe Stunde, lange genug also, um weit genug vom Flughafen entfernt zu sein. Aber weil uns praktisch alle anderen Fahrzeuge überholten, machte ich mir so meine Gedanken. Und obwohl ich zuvor niemals auf Rhodos war, hatte ich den Eindruck nicht auf direktem Wege zum Hotel gefahren zu werden. Im Hotel angekommen sagte man uns dann, wir seien noch nicht im Hotel angekommen. Zumindest nicht in jenem, in dem wir die nächsten 2 Wochen verbringen sollten. Das Sunland Ressort lag 300 m vom Haupthaus entfernt. Gut, dachten wir uns, macht nix, dann hören wir wenigstens nicht so viel von der allabendlichen Animation. Dafür kamen dort die Flugzeuge besser zur Geltung, die in einer Höhe von etwa 150 Meter über die Anlage flogen, weil der Flugplatz eben doch nur 2 km entfernt war.

Die Zimmer waren toll, unser Sohn konnte dort nämlich sehr viel über die heimischen Insekten lernen. Ok, Ameisen gibt es auch bei uns. Aber keine griechischen und echte Kakerlaken sahen eben auch anders aus, als die Tiere, die er aus Trickfilmen kannte. Und ab der dritten Nacht schlief er auch wieder ohne Alpträume. Wenn er denn überhaupt schlief, weil es so etwas wie ein Nachtflugverbot auf Rhodos nicht zu geben schien. Was das Badezimmer anging, war ich etwas überrascht, wie weit raumsparende Planung gehen kann. Ok, dass die Badewanne kleiner war als üblich, kam nicht ganz so überraschend. Dass sie allerdings nur wenig größer war als die Toilette, halte ich doch für übertrieben. Es war zugegebenermaßen eine Sitzbadewanne und die Tatsache, dass ich nicht hineinpasste, mag meinem Übergewicht zuzuschreiben sein. Aber auch meine Frau musste passen. Für unseren Vierjährigen war sie allerdings perfekt. Klein aber fein. Ganz im Gegensatz zum Wandschrank. Der war nämlich ungewöhnlich groß. Schade nur, dass es nur eine Stange und ein Brett gab. Das hätte zwar für den Zwei-Wochen-Kleider-Bedarf für mich und meinen Sohn gereicht, aber meine Frau war ja auch dabei.

Das Essen war gar nicht mal so gut, dafür wenig abwechslungsreich und überhaupt nicht landestypisch. Immerhin gab es während der zwei Wochen einmal Moussakka und zwei Mal Tsatsiki. Etwas gewöhnungsbedürftig waren vor allem die weißen Bohnen die es zum Frühstück gab. Dadurch weiß ich aber nun, weshalb man im deutschen Katalog lesen kann, dass die Anlage bei englischen Gästen sehr beliebt ist. Wenn man rechtzeitig da war, konnte man sich aussuchen, ob man lieber im hinteren Teil des Speiseraumes sitzen wollte und dort vor Hitze umkam. Oder ob einem doch ein Platz am Fenster lieber war, um beim Essen immer einen Hauch von

Chlor in der Nase zu haben. Die Getränke waren übrigens kostenlos. Das war aber verständlich, bezahlt hätte für diese Flüssigkeiten (hier hätte Busch suchen müssen, nicht im Irak) sowieso niemand.

Der Strand war ganz ok, es sei denn man wollte ins Wasser. Dann nämlich musste man einen Streifen Kies überwinden. Und ich rede nicht von kleinen Steinchen und nicht von 50 cm. In Deutschland füllt man diese Brocken in Steinkäfige und befestigt Böschungen damit. Selbst ohne Übergewicht war man auf Badeschlappen abgewiesen, wenn man bis zum nächsten Essen drin und wieder draußen sein wollte. Wenigstens war das Wasser angenehm. Warm, nicht sauber. Die Steine hatten aber auch etwas Gutes. Sie ließen sich vorzüglich als Gewichte für die Handtücher verwenden, die ansonsten vom starken Wind von den Liegen geweht worden wären.

Wir haben auch Ausflüge gemacht. Man will ja schließlich auch mal aus der Anlage rauskommen und das echte Griechenland sehen. Das hat nicht ganz geklappt. Aber wir haben immerhin echte Griechenland-Touristen gesehen und waren im einzigen McDonald's auf Rhodos. Dort haben wir mit dem GreekMac etwas gegessen, das wenigstens landestypisch hieß.

Ach ja, das Wetter. Das war echt klasse. Ohne Einschränkung. Wenn man also vom Hotel, vom Essen, den Getränken, dem Strand, dem Wind, den Ausflügen, dem Fluglärm und den Touristen absieht, war's ein echt toller Urlaub.

Geschäftsreise

Montag, 17.01.2007

08:15
Meine Schwester soll für meinen Vater und mich online einen Flug von Zürich nach Kattowitz und zurück buchen. Reisetermin 12.-14.02.2007

08:35
Meine Schwester fragt, ob ein Flug mit Zwischenlandung in Frankfurt in Ordnung sei, sie erhält das OK zur Buchung.

08:37
Meine Schwester sagt mir, die Buchung habe nicht geklappt und jetzt sei der Flug weg. Ich verdrehe die Augen, sie sucht eine Alternative.

08:45
Meine Schwester fragt, ob ein Flug mit Zwischenlandung in Paris in Ordnung sei, sie erhält das OK zur Buchung.

08:48
Meine Schwester sagt mir, die Buchung habe nicht geklappt und jetzt sei der Flug weg. Ich verdrehe die Augen mit erhöhter Geschwindigkeit und gebe noch ein Kopfschütteln dazu. Meine Schwester versucht es zum dritten mal.

08:57
Meine Schwester gibt auf, meinen Augen wird vom Verdrehen schwindlig. Ich nehme die Buchung selbst in die Hand.

09:09
Der Flug ist gebucht. Abflug 7:55 in Zürich, Umsteigen in Frankfurt, Ankunft 12:20 in Kattowitz. Geht doch!

Sonntag, 11.02.07

19:00
Das Reisegepäck liegt bereit und muss morgen früh nur noch in die Tasche gepackt werden.

Montag, 12.02.07

05:00
Der Wecker klingelt, ich mache mich fertig, packe die Sachen in die Tasche, prüfe ob ich alles habe und gehe dann nach unten, wo mein Vater mich um 05:30 abholen soll.

05:35

Mein Vater kommt, ich lade meine Sachen ins Auto und renne noch mal nach oben, weil ich Fotoapparat, Filmkamera und Gamepad vergessen habe (Letzteres erwähne ich nicht).

06:26
Wir stehen am Check-In und kommen sogar gleich dran. Ich lege freundlich lächelnd den Ausdruck der Buchungsbestätigung auf den Tresen.

06:27
Ich lächle immer noch, obwohl mich die kleine Falte die zwischen den Brauen der Dame erscheint, nachdenklich stimmt.

06:28
Ich behalte Recht und mein Lächeln (Letzteres weil meine Gesichtsmuskeln sich verkrampfen). Die Dame fragt, ob das die richtige Bestätigung sei, weil diese auf den 12.03. (in Worten: MÄRZ) laute.

06:29
Ich stehe unter Schock, das Blut das mit aus dem Gesicht gewichen ist, scheint auf wundersame Weise in den Wangen der Dame gegenüber wieder aufzutauchen, weil sie offensichtlich ein Lachen unterdrückt. Ihre Augen lachen mich tatsächlich aus. Ich empfange eine telepathische Nachricht meiner Schwester. Nur undeutlich allerdings. Es klingt ein wenig nach "arrogantes Großmaul", ich bin mir aber nicht sicher ob das nicht eine Folge des Schocks ist.

06:32
Ich suche mit meiner Reisetasche die Toilette auf, gehe in eine der Kabinen, schließe die Tür, öffne meine Tasche, stecke den Kopf hinein und schreie.

06:35
Wir gehen zum Ticketschalter der Lufthansa um umzubuchen oder ein neues Ticket zu kaufen. Mein Kopf fühlt sich an als sei er mit Watte ausgestopft. Die Kollegin des Mannes der uns bedient, meldet sich am Telefon mehrfach mit "Lufti-moni". Der Mann selbst ist

schwul, muss schwul sein, weil er sich so gibt und so klingt. Außerdem ist er Schweizer und verfällt, für seine Landsleute typisch, in eine hochdeutschähnliche Art von Schwyzerdütsch, als er uns als Deutsche identifiziert hat. Ich habe nichts gegen Schwule und nichts gegen Schweizer. Aber mit dem "Lufti-moni" von nebenan und der Watte in meinem Kopf wirkt die ganze Szene surreal.

06:37
Der Mann ist kompetent und setzt sich voll für uns ein. Ich bin mir nicht sicher, ob sein Gesichtsausdruck Arbeitseifer zum Ausdruck bringt oder doch Mitleid mit mir, ob meiner Unfähigkeit den richtigen Monat anzuklicken. Er teilt uns mit, dass ihm der Tarif den wir gebucht hatten nicht bekannt sei, dass das aber auch nichts mache, weil er einen günstigeren gefunden habe.

06:40
Ach nee, doch nicht. Die Tickets kosten doppelt so viel wie wir bisher bezahlt haben. Wir bitten ihn, eine Alternative zu suchen. Während er seine Tastatur bearbeitet, begreife ich, dass die Dame neben an Monika heißt und interne Anrufe beim Lufthansa beantwortet. Lufti Moni. Das macht die Szene nicht wesentlich normaler.

06:50
Wir haben ein neues Ticket: Abflug 10:35 (ich hätte also erst um 7:30 aufstehen müssen) Ankunft in Kattowitz um 17:05!

09:45
Die LOT ist nicht die Lufthansa. Wir fahren mit dem Bus in den entlegendsten Winkel des Flughafens und besteigen ein Flugzeug mit etwa 60 Sitzplätzen. Wir verlassen Zürich pünktlich, der Flug verläuft problemlos und wir landen pünktlich.

12:35
In Warschau, wo wir dreieinhalb Stunden Aufenthalt haben werden. Vor dem Verlassen des Flugzeugs erklärt die Flugbegleiterin etwas auf polnisch und dann in fehlerfreiem ponglisch verzerrt durch die flugzeugtypischen Lautsprecher. Ich bilde mir ein herauszuhören, dass man für Anschlussflüge am Terminal 1 aus dem Bus steigen

und bis zum Terminal zwei weiterfahren soll, wenn man nicht weiterfliegt.

12:46
Der Bus fährt zuerst Terminal 2 an und einige Passagiere verlassen den Bus. Andere bleiben stehen, gehen dann aber doch ins Gebäude.

12:51
Der Fahrer bedeutet uns entnervt, dass er nicht weiterfahren würde und alle Passagiere hier aussteigen müssten. Ich nehme mir vor ein Ponglisch-Wörterbuch zu kaufen.

13:00
Wir haben uns orientiert, wissen, wo wir später hinmüssen und suchen uns ein gemütliches Plätzchen um zu warten.

13:15
Es gibt keine gemütlichen Plätzchen. Nur Sessel aus Lochblech, wodurch die kalte Luft unser Sitzfleisch einwandfrei erreicht. Ich öffne den Laptop, starte Opera und informiere mich, was der WLAN-Zugang kostet. Die Zahlen machen mich glauben, es sei recht günstig. Die Währung lautet aber PLN und da in Polen mit Zloty bezahlt wird, wittere ich eine Falle und verzichte.

14:55
Wir entschließen uns, durch die Passkontrolle zum Gate zu gehen und dort die restliche Zeit dort zu warten. Der Mann in der Kabine erklärt mir (etwas zu ausführlich für meinen Geschmack), dass wir für einen Inlandsflug nicht bei ihm durch die Passkontrolle müssten, sondern im Gebäude nebenan.

15:00
Nach der Zugangskontrolle stehen wir direkt im Warteraum vor dem Gate, der gleichzeitig auch noch Check-In und Gepäckscanner beherbergt. Die Lufttemperatur liegt etwa bei 10°C und es herrscht ein spürbarer Luftzug. Bezeichnenderweise arbeitet das Personal in langen Wintermänteln und mit kleinen Heizstrahlern hinter den

Tresen. Die Doppelreihig angebrachten Plastiksitzschalen sind so aufgebaut, dass man sich aufrecht hinsetzen muss, damit man sich nicht an den Passagier auf der anderen Seite anlehnt. Nach 20 Minuten Wartezeit wünsche ich mir den Lochblechsessel aus der großen Halle zurück.

15:20
Wir stellen uns an der Sicherheitsschleuse an.

15:35
Es wird eine zweite Sicherheitsschleuse geöffnet. Wir profitieren aber nicht davon, weil wir ohnehin gerade dran sind. In der Schleuse liegt ein Teppich, für jene Passagiere, die ihre Schuhe ausziehen müssen. Während ich daran denke wie wenig das bringt, weil der Teppich inzwischen sicher von den Schuhen der anderen Passagiere durchnässt sein müsste (schließlich liegen draußen Schneematsch auf dem Gehweg), bedeutet mir die Dame vom Sicherheitspersonal, dass ich selbst Gelegenheit haben würde das auszuprobieren.

15:36
Ich steige mit nassen Socken wieder in meine Schuhe.

15:40
Wir fahren pünktlich zum Flugzeug. Gibt es eine Verniedlichung von Flugzeug? Das Spielzeug in das wir einsteigen bietet gerade mal für 18 oder 21 Passagiere Platz und ist auch für die noch recht eng. Ich habe einen Fensterplatz, was dazu führt, dass ich für den einstündigen Flug meinen rechten Fuß nicht richtig abstellen kann, weil die Biegung des Rumpfes mich daran hindert.

16:05
Wir starten, mein MP3-Player vermag das Dröhnen der beiden Propeller nicht zu übertönen.

17:07
Wir landen. In den zwölf Stunden, die ich zu diesem Zeitpunkt unterwegs war, habe ich gerade mal drei im Flugzeug verbracht.

Mittwoch, 14.02.2007

11:55
Wir erfahren, dass der Flug nach Warschau eine halbe Stunde Verspätung hat.

12:30
Das Flugzeug ist das selbe wie auf dem Hinflug, wir haben aber mehr Platz. Die beiden Piloten und die Flugbegleiterin haben die Verantwortung für ganze fünf Passagiere!

16:50
Auf dem Flug von Warschau nach Zürich tropft mir kurz nach dem Start etwas auf den Arm. Da die Flüssigkeit kein Loch durch meinen Arm frisst, gehe ich davon aus, dass kein Alien im Gepäckfach lauert. Da die Flüssigkeit orange ist, tippe ich auch nicht auf Hydraulikflüssigkeit oder ähnliches. Als wir kurze Zeit später Orangensaft in Tetrapacks bekommen, nehme ich an, dass eine der Tüten im Gepäckfach vergessen wurde. Vielen Dank. Die LOT ist eben nicht die Lufthansa.

17:20
Offensichtlich will mich die Fluggesellschaft für das Frieren auf dem Flughafen entschädigen, weil die Heizung im Flugzeug auf Hochtouren läuft. Das wäre eigentlich nicht so schlimm, aber der Auslass für die Luft befindet sich direkt neben meinem rechten Fuß und gegen Ende des Fluges wäre ich am liebsten barfuß durch das Terminal gelaufen.

Freitag, 16.02.07

16:07
Das wird mir nie wieder passieren!

Erinnert Ihr Euch noch an Christiane Vulpius? Na? Wodurch erlangte diese Frau wohl große Aufmerksamkeit in Deutschland? Nein, nicht weil ihr Macker zufälligerweise ein Typ namens Goethe war. Sie war Patin. Eine sogenannte PWP, Passwort-Patin. In irgendeinem der zurückliegenden Junis (?? Junise, Juninse, Manfredschnsn?). Aber lassen wir den Blick zurück, gilt es doch selbigen nach vorne zu richten. Zum Beispiel auf den 1. Juni 2013, da hat nämlich eine andere wichtige Deutsche Geburtstag. Seals Heidi nämlich. Heißt die jetzt so? Heidi Seal? Geheiratet haben sie doch, oder? Recht so, Klum erinnert mich immer an Klumpen und das will nun so gar nicht zu diesem Strich in der Landschaft passen.

2013? Na da wird die alte Schachtel 40! Deshalb. Ein Ziel das durchaus auch für die SPD interessant sein könnte. Bei der kommenden Bundestagswahl ist es allerdings fraglich, ob 40% bereit sind Schröder nochmal eine Chance zu geben. Aber in 8 Jahren, wer weiß? Aber lasst uns nicht über Politik reden, es gibt doch viel Wichtigeres und vor allem auch Schöneres. Schöner als Heidi Ex-Klumpen? Wie soll das denn gehen? Nun, der Sommer zum Beispiel. Was bringt mir eine heiße Nacht mit einem Model, wenn's den Rest der Woche bei +2° regnet? Dann doch lieber ein paar Wochen Sonne und Wärme und ein Bild im Spind. Oder? Obwohl, dann müsste ich das Bild von DM-Agony abhängen. Abgesehen davon habe ich keinen Spind.

"Spind?" werdet Ihr jetzt denken "stimmt, der Spind total" Worauf ich antworten würde "Das ist jetzt aber foll vies!" Gut, dass wir darüber gesprochen haben, aber irgendwie sind wir unserem Thema noch nicht wirklich näher gekommen. Es geht um nichts Geringeres als das Passwort für den Monat Juni. Juni, hmm, gar nicht so einfach. Merkel ist gestern schon nominiert worden, die Allianzarena wird heute endgültig eingeweiht und mit dem Weltuntergang ist ab morgen auch nicht eher zu rechnen als gestern oder letztes Jahr um diese Zeit. Aber Arena klingt doch gut, daraus müsste sich doch was ableiten lassen. Arena, Ben Hur, schwarz-weiß, Fernsehen, Promis, Stars, Sänger, Seal, Heidi Klum (da war wieder das böse K-Wort), Otto, Quelle, Claudia Schiffer, Flavio Briatore, Renault, Frankreich, Ablehnung, Europa, Nürburgring, Reifenschaden, Silberpfeil, Robin Hood, Strumpfhosen, Bankraub, Polizei, Tatütata, Tri Tra Trullala, Kasperle, Marionette, Puppenkiste, Augsburg, Bayern, Stadion, Allianz-Arena....

Hm, irgendwie habe ich den Eindruck wir drehen uns im Kreis... So kommen wir nicht ans Ziel, deshalb nehmen wir als PW für Juni das Wort "amaretto". Das ist eine meiner Lieblingseissorten und passt perfekt zum Juni. Schluss aus!

Viel Spaß beim Zocken!

Alptraum in Gummi

Eigentlich fing alles ganz harmlos. Ich war einkaufen. Dort, wo ich immer einkaufe. Es kam mir anfangs zwar komisch vor, dass die üblichen Ärgernisse, zum Beispiel der Stau beim Eingang, ausblieben. Aber das Gefühl, dass irgendwas nicht stimmte, verflog schnell wieder, als ich an einen dieser Probierstände kam, an denen es dieses Mal neue Leckereien von einem bekannten Fruchtgummi-Anbieter gab.

Die Dame hinter dem Tisch war schlank, äußerst attraktiv und lächelte mich verführerisch an, bevor sie mit einer einladenden Handbewegung auf das Naschwerk zeigte. Ich nahm so ein Teil und erwartete eigentlich nichts Besonderes, halt mal eine neue Geschmacksrichtung, Banane vielleicht. Tatsächlich war der Geschmack allerdings nicht einzuordnen, dennoch äußerst intensiv und aus Gründen des Jugendschutzes möchte ich an dieser Stelle darauf verzichten, zu beschreiben, was alles in mir vorging, als sich diese Welle in meinem Körper ausbreitete. In diesem Moment schien es mir so, als habe die Dame gerade einen weiteren Knopf ihrer Bluse geöffnet. Mir lief das Wasser im Munde zusammen und der Schweiß trat mir auf die Stirn. Aber lassen wir das, die Teile waren echt schmackhaft und ich nahm einen Karton mit 50 Beuteln zu je 300 g.

Öl, auf meinem Zettel stand Öl, Olivenöl. Also drehte ich mich schweren Herzens um und machte mich auf den Weg. Nach ein paar Schritten hört ich ein hämisches Kichern und drehte mich unauffällig um. Am Tisch stand nun eine kleine, fette Person mit einer MakeUp-Schicht, die zum Führen des Stukkateur-Meistertitels berechtigt hätte. Sie blickte geradezu bösartig in meine Richtung und ich drehte mich schnell wieder um. War wohl gerade Schichtwechsel.

Am Essig- und Öl-Regal angekommen suchte ich meine Stammmarke und war recht erstaunt, welche Entwicklung dieser Bereich der Lebensmittel durchlaufen hatte. Vor ein paar Jahren gab es den einfachen Weinessig und den Vollwürzessig von Kressi. Heute gibt es Essig für jeden Geschmack. Balsamico, Apfel oder Himbeere. Cola-Kirsch-Aroma hatte ich aber bisher nie bemerkt.

Und das Prädikat 'Extra Sauer' überraschte mich ebenfalls, schließlich waren ja gerade die milden Sorten so im Trend. Witzig, auf welche Gedanken die Marketing-Strategen kommen.

An der Käsetheke angekommen wurde mir dann aber doch mulmig. Neben den üblichen Sorten wie Edamer, Gouda und Appenzeller lag da ein angeschnittener Käselaib mit Löchern, der fatal an ein Gummibärchen erinnerte. Nicht nur wegen der Form sondern auch wegen der knallroten Farbe. Wie unter Zwang zeigte ich auf den roten Klumpen und bestellte zu meiner Bestürzung 500 g Geschnitten, nicht am Stück. Die Verkäuferin, das Schild an ihrer Schürze wies sie als Frau Katjesjesjes aus, wuchtete den Laib auf die Maschine und mühte sich minutenlang damit ab, ein Gummibärchen in Scheiben zu schneiden. Nachdem sie, sichtbar wütend, damit begonnen hatte mit dem Fleischerbeil Stücke aus dem Gummi zu hacken, hatte ich Erbarmen und meinte freundlich: "Ach wissen Sie was? Wir bekommen Besuch über's Wochenende, ich nehm' das ganze Stück."

Irgendetwas stimmte hier nicht! Dieser Eindruck bestätigte sich auch, als ich vorbei an den Tiefkühl-Gummibärchen zu den Getränken stolperte. Als ich nach einem Tetrapack Gummibärchentee greifen wollte, fiel mein Blick auf eine Dame, die mit der Kaffeemühle versuchte, eine Packung Weingummi extrafein zu mahlen und sich nach der Explosion der Maschine doch für vorgemahlenes Gummibärchenpulver entschied. Ich wandte mich dem Zeitschriftenregal zu und blätterte in der aktuellen Ausgabe des Playbärs. Aaargh! Was ist hier los?

Ich ließ meinen Einkaufswagen stehen, schüttelte die Gummibärchen ab, die gerade versuchten, an meiner Hose nach oben zu klettern und rannte zum Ausgang. Dabei hatte ich das Gefühl, dass meine Füße in Gummi-Erdbeeren und -Schlümpfen feststeckten. Das Kreischen der Grillbärchen von der Imbisstheke vermischte sich mit meinen Angstschreien, als ich sah, dass an den Kassen farblich sortierte Gummibärchen saßen und Packungen mit ihresgleichen bedrohlich grinsend über die Scanner zogen.

Ich schreckte schweißgebadet auf und stellte beruhigt fest, dass meine Frau neben mir lag und nicht etwa ein Gummibärchen. Ich stand auf, kickte die leere Fruchtgummi-Tüte zur Seite, machte mir in der Mikrowelle einen Teller Marshmellows heiß, garnierte mein

Frühstück mit ein paar Gelee-Eiern und spülte das ganze mit einer Flasche Vanilla-Coke runter. Schon komisch, warum man manchmal so seltsame Sachen träumt...

Ein Märchen

Es war einmal, in etwa 3 2/3 Jahren, ein Männchen, das ein Söhnchen hatte. Dieses Söhnchen trug immer ein gar schönes Käppchen aus feinstem Schrott. Deshalb wurde es Schrottkäppchen gerufen.

Es begab sich nun eines Tages, dass das Männchen Schrottkäppchen beiseite nahm und sprach: " Schrottkäppchen, es kommt im Leben eines Jeden der Punkt, an dem er sich ein Automobil zulegen muss. Das gilt auch für dich und deshalb geh' hinaus vor die Tore der Stadt in das Automobilhaus und suche Dir eine schöne Mercedes-Limousine aus. Hier hast Du ein Körbchen mit Geld. Aber hab' Acht und bleibe auf der Hauptstraße!"

"Is' gut" sprach das Schrottkäppchen und machte sich hurtig auf den Weg. Als das Schrottkäppchen einige Kilometer gegangen war, ward es angesprochen vom bösen Golf. Völlig im Unklaren darüber, welch böser Sportwagen er doch war.

"Wohin des Weges, Schrottkäppchen?"

"Hinaus zum Automobilhaus"

"Was hast du denn in deinem Körbchen?"

"Geld für meine erste Limousine."

Der böse Golf dachte sich, welch guter Fahrer das Schrottkäppchen wohl sei und erdachte flugs eine List.

"Schrottkäppchen, weshalb nimmst du denn nicht die Abkürzung?"

"Eine Abkürzung, ei wo denn? Beschreibe sie mir doch bitte!"

"Nichts leichter als das," sagte der böse Golf "pass auf! Diese Straße geradeaus, dann an der Kreuzung weiter, zwei links, zwei rechts, zwei fallen lassen und dann immer im Kreis. Und gleich bist du dort!"

"Oh fein" sagte das Schrottkäppchen und machte sich frischen Mutes auf den Weg. Der böse Golf jedoch nahm den kürzeren Weg die Hauptstraße entlang und verschwand in einer Staubwolke am Horizont. Im Automobilhaus angekommen überfuhr es den Verkäufer, entriss dem Mercedes seinen Stern, verschrottete die Limousine und stellte seinen Motor ab.

Just in diesem Augenblick kam das Schrottkäppchen dort an, nachdem es nach drei Sackgassen und vier Einbahnstraßen doch noch den richtigen Weg gefunden hatte. Da der tote Verkäufer es nicht mehr beraten wollte, wandte sich das Schrottkäppchen direkt an den vermeintlichen Mercedes im Schaufenster und fragte:

"Aber Limousine, weshalb bist du denn so klein?"

"Damit du besser parken kannst" sgate der böse Golf.

"Aber Limousine, weshalb hast du denn zwei Außenspiegel?"

"Damit du besser sehen kannst."

"Ja aber Limousine, weshalb geht denn dein Tachometer bis 260?"

"Damit du besser rasen kannst." Mit diesen Worten packte er das Schrottkäppchen und brauste los. An der nächsten Kreuzung überfuhren sie noch den Jäger und verschwanden dann in der Ferne. Und wenn sie genügend Benzin haben, dann rasen sie noch heute....

Das tut man nicht!

Ich schätze es gibt kaum einen Satz, den Kinder und Jugendliche mehr hassen als "Das tut man nicht". Und genauso wie die Jungfüchse diesen Satz hassen, wissen wir Älteren, wie zutreffend und notwendig dieser Satz ist, war und immer sein wird. Und ich spreche nicht davon, dass man bei Oma und Opa nicht sagt, dass das Essen nicht schmeckt oder dass man nicht laut fragt "Mami, warum ist der Mann dort drüben so fett?"!

Nein ich spreche von Dingen, die wirklich von Bedeutung sind. Zum Beispiel in der Musik. Nicht genug damit, dass unsere behinderte Mitbürgerin und Siegel-Produkt Corinna May mit einem gekrächzten 'I'm on a highway to hell' unter Beweis stellen will, dass sie mehr ist als eine Schlagertante. Nein, da muss auch noch Silikon-Britney eine Version von "I love rock'n'roll" auf den Markt bringen, die jedem Schulball-Hardrockrunden-Fan in den Ohren schmerzt. Fehlt nur noch die Blockflötenvariante von "Smoke on the water" oder "The number of the beast" für Violine und Cello. Nee, also wirklich, so was tut man einfach nicht.

Genauso wenig, wie man beispielsweise den Plastikbehälter mit den Wattestäbchen offen im Bad herumstehen lässt. Warum nicht? Na weil man das Wattestäbchen zwar ins Ohr schieben kann, beim Herausziehen aber nur noch das Stäbchen zum Vorschein kommt, weil sich die Watte durch die Luftfeuchtigkeit abgelöst hat und nur noch mit einer Pinzette aus dem Gehörgang entfernt werden kann. Oder warum glaubt ihr, haben Gel-Tuben einen so breiten Deckel? Keine Ahnung oder? Und warum steht da wohl drauf "Bitte immer auf den Deckel stellen"? Na, dämmert's? Eben, damit man das Teil auf den Deckel stellt. Aber nein, das Teil wird immer hingelegt. Das Gel trocknet ein und wenn sich der entstandene Pfropfen dann plötzlich doch noch löst, landet eine Ladung Gel wahlweise auf dem Spiegel, der Zahnbürste oder, wenn man perfekt angezogen ist um auszugehen, auf dem Hemd oder dem Rock. Das tut man einfach nicht. Deshalb steht's ja drauf!

Anderes Thema. Mir ist durchaus bewusst, dass ich figurtechnisch nicht in der Model-Liga mitspiele, höchstens vielleicht als "Vorher"-Beispiel. Ganz im Gegenteil, weil ich natürliche Rettungsringe trage, fällt es mir schwer auf Flugreisen aufmerksam den Ausführungen des Kabinenpersonals bezüglich der Schwimmwesten zu lauschen. Trotzdem muss ich auch in diesem Bereich auf etwas hinweisen, das man einfach nicht tut. Wenn man nämlich einen solchen Bauchansatz hat, sollte man den nicht noch dadurch betonen, dass man eine Hüfthose trägt. Schon gar nicht, wenn diese auch noch so eng ist, dass überschüssiges Gewebe über den Hosenbund gepresst wird. Man ist versucht zu sagen "Das tut man erst recht nicht", wenn solche Art Bäuchlein auch noch durch auffällige Tattoos betont werden, deren ursprüngliches Motiv einmal eine Sonne gewesen sein mag, jetzt aber eher an eine Supernova erinnert.

Spätestens aber, wenn der "Schwimmring" durch ein super enges Oberteil auch noch von oben her unter Druck gesetzt wird und damit je nach Restspannung wie ein Rammschutz absteht oder, wie ein Muffin aus der Form, über den Hosenbund hängt, möchte man diese arme, mode-unterdrückte Kreatur anbrüllen : "DAS TUT MAN NICHT!"

Klar, bei diesem Thema kommt's auch oft auf den persönlichen Geschmack an. Bayern-Fans, Internet-Explorer-Nutzer, Pur-Hörer usw. usw. Es gibt da einige Gruppen, denen die einen Beifall klatschen und die anderen zurufen: Das tut man nicht! Unstrittig dürfte hingegen das Thema Mixgetränke sein. Whisky, Rum, Bier, Wein überall wird mit Cola rumgepanscht. Dabei ist doch nur das Pure das Wahre. Warum nicht einfach einschenken und genießen? Warum nicht einfach einen Schluck nehmen und sich des Geschmacks ungetrübter Coca Cola freuen. Nein, da muss noch Alk rein, weil's Mode ist. Also wirklich, so was verbietet sich doch von selbst....

Und dann natürlich das Kapitel "Fragen". Nicht zu verwechseln mit blöden Fragen. Blöde Fragen sind Floskeln, die man so dahin sagt, weil einem nichts besseres einfällt. Wenn ich zum Beispiel jemanden im Baumarkt treffe, den ich von irgendwoher kenne, mit dem mich aber sonst nichts verbindet, dann passiert schon mal so was: "Na, auch hier?". Blöde Frage! Alles klar? Aber darum geht es hier ja nicht. Das ist eine ganz andere Richtung. Nein, es geht um "Das tut man nicht"-Fragen. Fragen die genau so überflüssig und blöde sind, wie normale blöde Fragen, die man aber absichtlich stellt und auch eine Antwort erwartet, obwohl man sich eigentlich denken können sollte, dass es darauf keine Antwort geben kann. Zumindest keine, die man hören will.

Nehmen wir beispielsweise ein Krisengespräch zwischen ihr und ihm: Er sagt ihr, dass er Zeit brauche um nachzudenken. Er wisse nicht, ob ihre Partnerschaft noch einen Sinn habe.

Und sie fragt "Bis wann weißt du es denn?"

Hallo? Was soll das denn? Was will sie da hören? Dienstag 14 Uhr 35, oder was? Nee, nee, nee, es gibt Sachen die sollte man einfach nicht tun. Und eben Fragen, die man nicht stellen sollte.

Noch ein anders Thema, oder besser "And now for something completely different" um gleich die Richtung anzudeuten. Nämlich die deutsche Synchronisation Englischer Comedy. Monty Python's Flying Circus funktioniert in deutscher Synchronisation einfach nicht. Beim allem Verständnis dafür, dass auch Zuschauer ohne Englischkenntnisse mitlachen wollen, so was tut man einfach nicht. Dann muss man eben Untertitel einblenden. Von deutschen Zusatztiteln für Kinofilme (Under Water - Das Grauen lauert im Brunnen) fange ich besser gar nicht erst an.

Ich könnte noch unzählige Beispiele aufzählen, damit würde ich aber den Leser der Gefahr aussetzen, sich einer Parkinson-Untersuchung unterziehen zu müssen, weil er aus dem Kopfschütteln gar nicht mehr heraus kommt. Der Ratschlag "Das tut man nicht!" ist einer der wichtigsten Sätze der Menschheitsgeschichte und wird dennoch so häufig missachtet. Böse Welt!

Krank

Ich glaube ich bin krank. Nicht körperlich, es handelt sich also nicht um eine leichte Erkältung, die ich als Mann eher wie eine ausgewachsene Grippe durchlebe oder gar etwas so Dramatisches wie Haarausfall. Ich gehe davon aus, dass es auch kein geistiges Problem ist, auch wenn viele meiner Bekannten das vermutlich anders sehen. Aber die wissen ja gar nicht, worum es geht.

Ich glaube vielmehr, dass es sich dabei um einen genetischen Defekt handelt, weil ich mich nicht erinnern kann, dieses Problem irgendwann einmal bekommen zu haben. Auch existiert keine Erinnerung an eine Zeit ohne diesen Defekt. Es gibt keine äußerlichen

Zeichen und wenn es sein muss, habe ich keine Probleme die Krankheit vor der Öffentlichkeit geheim zu halten. Nicht einmal meine engsten Freunde wissen um dieses Gebrechen, wenngleich sie manches mal ob der Symptome etwas befremdet reagieren. Um das Problem zu beschreiben sei folgendes Beispiel erzählt:

Ich stehe mit einem Bekannten am Ufer des Rheins und blicke gen Osten in die aufgehende Sonne. "Und, was denkst du?" fragt er mich und bevor ich auch nur Luft holen kann, erzählt er. "Denkst du nicht an Kraft, an Aufbruch? Ist die aufgehende Sonne nicht ein Sinnbild für den Sieg des Guten? Die Nacht ist zu Ende, die Dunkelheit verschwindet und die Energie der Sonne strahlt auf uns, als ob sie uns Kraft geben wolle, frisch den neuen Tag anzugehen. Dabei vermittelt sie doch mehr das kurze Aufglimmen der Hoffnung, bevor die Dunkelheit wieder alles verschlingt. Oder, was meinst du?" Ich hole wieder Luft, aber komme auch dieses mal nicht dazu, etwas zu sagen, weil mein Bekannter bereits wieder zurück zum Auto geht.

Wir stehen in einer Burgruine auf einem Berg und blicken über das Rheintal. Die Sonne strahlt von einem wolkenlosen Himmel und die Felder strotzen förmlich vor Kraft und Frische. Mein Bekannter fragt wieder: "Und, was denkst du, wenn du hier so in die Ferne schaust?" Ich will etwas erwidern aber auch dieses Mal ist er schneller. "Natur, reine unverfälschte Natur! Pah, dass ich nicht lache. Der Raps da drüben ist genetisch verändert, die anderen Felder sind überdüngt und die Kühe daneben können sich kaum noch bewegen, weil sie mit Medikamenten zu Milchproduktion vollgepumpt sind und ihre Euter fast den Boden berühren. Und die Sonne brennt erbarmungslos durch das größere werdende Ozonloch. Natur? Vielleicht früher mal! Oder wie siehst du das?"

Ich warte zwei Sekunden mit dem Luft holen und werde für meine Weitsicht belohnt. Er hat sich schon wieder auf den Weg zum Auto gemacht. Er hat genug gesehen. Schließlich atme ich doch weiter, aber ich sage nichts und folge ihm. Wir fahren eine der zahlreichen Schluchten unserer Gegend entlang, nehmen eine der Serpentinen um zu einem dieser Schwarzwalddörfer zu gelangen und halten auf Bitten meines Bekannten an einem Parkplatz, von dem aus wir die Schlucht überblicken können. Ein großer Vogel gleitet in weiten Kreisen über uns am Himmel. Ich blicke auf die Uhr und es vergehen genau 7 Sekunden.

"Und, was denkst du?" (Vielleicht sollte ich dabei erwähnen, dass mein Bekannter zu Besuch hier ist, ich hingegen hier aufgewachsen bin.) Ich sage nichts und atme ruhig weiter. Er sagt aber auch nichts, gerade so als ob er dieses Mal eine Antwort erwartete. Ich hebe den Finger, hole Luft und sage .....nichts, weil er doch lieber selbst spricht, als mir zuzuhören. "Schau dir diesen Vogel an. DAS nenne ich Freiheit. Und was ist mit uns? Aus der Sicht dieses Vogels sind wir nur - zugegebenermaßen recht große - Ameisen, die scheinbar sinnlos durch die Gegend rennen und irgendwie doch nie ans Ziel kommen. Wenn dieser fliegende Staubwedel denken könnte, hätte er vermutlich nur Mitleid für uns übrig. Deprimierend, oder?" Ich erspare mir den Versuch einer Antwort und mache mich auf den Rückweg zum Auto. Als hätte ich es geahnt, dreht auch er sich um und folgt mir.

Was aber, mag sich der Leser nun fragen, hat das mit dieser furchtbaren Krankheit zu tun, von der ich in der Einleitung sprach? Einen Bekannten, der einen nicht zu Wort kommen lässt, kann man schwerlich als genetische Krankheit bezeichnen. Und wenn, wären es seine Gene die geschädigt wären und nicht meine. Es sei denn man erfände einen Gen-Defekt, der dafür verantwortlich wäre, dass man solche Leute überhaupt kennen lernt. Es ist aber so, dass das Verhalten meines Bekannten dazu beigetragen hat, dass dem Leser die Symptome meiner Krankheit verborgen geblieben sind.

Aber da ich diese Zeilen schließlich schreibe um mich zu outen, muss ich nun natürlich zum Kern der Dinge kommen. Ich wiederhole deshalb nochmals die Fragen meines Bekannten und gebe die Antworten wieder, die ich gegeben hätte, wenn ich zu Wort gekommen wäre:

Sonnenaufgang: Was denkst du? >> "Wow, was ein geiler Sonnenaufgang. Tolle Farben! Ich fühl mich gut!"

Blick über das Rheintal: Und? >> "Klasse Aussicht, alles frisch und bunt. ich fühl mich gut."

Kreisender Vogel : Na? >> "Cool, muss Spaß machen die Welt von oben zu sehen. Ich fühl mich gut."

Furchtbar, oder? Mir fehlt diese elementare Tiefsinnigkeit, die bei jeder Gelegenheit das Gehirn dazu zwingt, eine tiefere Bedeutung in dem zu sehen, was man gerade erlebt. Die Fähigkeit, von einem am Himmel kreisenden Vogel auf die geknechtete Menschheit zu kommen oder aus einem Blick über die Landschaft die weltweite Landwirtschaftskrise abzuleiten, geht mir völlig ab. Und so stellt sich mir die Frage, was ich tun soll. Muss ich einen Arzt aufsuchen, oder einen Psychiater?

Oder soll ich's mir einfach weiterhin gut gehen lassen?

Autofahrer

Die Welt der Autofahrer ist voller Klischees. Da gibt es zum Beispiel den Obermacho, der mit seinem Top-Tuning 3er BMW im Minutentakt an den beliebtesten Straßencafes vorbei rollt. Oder auch den überzeugten Alternativen, der mit einem 19 Jahre alten VW-Bus (Farbe ex-weiß mit Rostflecken) vor dem Bio-Laden parkt. Es gibt unzählige solcher zugegebenermaßen etwas unfairen Schubladen-Beurteilungen. Es gibt aber eine Gruppe von Autofahrern, die sich allgemein anerkannt einer eindeutigen Schublade zuordnen lassen: Die Schlechtfahrer.

Nein, das ist weder ein Klischee, noch ist diese Einteilung unfair. Es ist einfach eine Tatsache, deren Bestand, außer den betroffenen, kaum ein Teilnehmer am Straßenverkehr in Zweifel ziehen wird. Ob das Schlechtfahren ein genetisch bedingtes Handicap ist oder ob es sich dabei um ein selbst antrainiertes handelt, vermag ich indes nicht zu beurteilen. Dabei muss man gleich zu Anfang erwähnen, dass die Zahl der verursachten Unfälle nicht zwangsweise auf Schlechtfahrer hindeutet. Schließlich verursachen Frauen ja erwiesenermaßen weniger Unfälle.

Und da es sie erwiesenermaßen gibt, muss es auch untrügliche Anzeichen geben, wie man einen Schlechtfahrer erkennt. Und die gibt es in der Tat. Die Hinweise erschließen sich in der Regel allerdings nur bei einer Beobachtung in freier Wildbahn. Es gibt zwar gewisse Indizien (Hut, eingehäkelte Toilettenpapier-Rolle, Autofarben wie hellblau, weiß oder kack-beige, Aufkleber wie "Ford fährt jetzt mit Katalysator"), diese bieten allerdings keine absolute Gewissheit. Dennoch ist ein gewisse Vorsicht nicht unangebracht, wenn bei einem Fahrer mehrere dieser Indizien entdeckt werden!

Begeben wir uns also in die Praxis und schauen uns einmal auf der Straße um. Nehmen wie zum Beispiel den Fahrer im Auto vor uns, dessen Haltung uns irgendwie irritiert. Und gerade als wir den Eindruck haben, die seltsame Haltung rühre daher, dass der Vorausfahrende wohl ein recht groß gewachsener Mensch sei, sinkt der Fahrer urplötzlich in sich zusammen und sieht von hinten wieder wie ein ganz normaler Autofahrer aus. Ein Paradebeispiel für das

Verhalten von Schlechtfahrern. Zu deren typischen Merkmalen gehört nämlich die Verweigerung jeglicher technischen Einrichtungen, die dem normalen Autofahrer das Leben erleichtern. Im gerade angesprochenen Fall war es die Sonnenblende.

Nun mag man entschuldigend einwerfen, die Sonnenblende sei naturgemäß so angebracht, dass sie während der Fahrt nicht wahrgenommen wird. Aber auch beleuchtete Symbole im Armaturenbrett werden häufig einfach ignoriert. Hier vor allem das auffällige Leuchten des Symbols für Fernlicht. Da vermag auf das aufblenden entgegenkommender Fahrzeuge nichts auszurichten. Aber selbst die besten Hinweislämpchen oder Symbole helfen nichts gegen mutwilligen Missbrauch. Den sehe ich als gegeben an, wenn der Schlechtfahrer Nebelscheinwerfer nebst Nebelschlusslicht einschaltet, nur weil aus den Fenster des voraus fahrenden Autos Zigarettenrauch aufsteigt.

Ein weiteres Hilfsmittel, einst für die Bequemlichkeit des Fahrers und im Dienste der Verkehrssicherheit erfunden, ist der Fahrtrichtungsanzeiger, besser bekannt als Blinker. Seine Signalfunktion kann er aber nur dann erbringen, wenn er auch betätigt wird. Um beim Abbiegen nicht mit 17 Stundenkilometern aus der Kurve getragen zu werden, bremst der Schlechtfahrer sein Fahrzeug weit vor der Kreuzung abrupt ab. Aufgrund der starken Verzögerung (von 44 auf 17 km/h innerhalb von nur 100 m) kann er erst unmittelbar vor dem Einlenken den Blinker betätigen. Dass er dabei mit seinem Escort so weit ausholt als säße er am Steuer eins 40-Tonners, sei nur am Rande erwähnt.

Werfen wir einen Blick auf eine weit verbreitete Versuchsanordnung, bei der man fast glauben könnte, sie diene allein dazu, Schlechtfahrer zu identifizieren: Wir sehen vor uns eine Nebenstraße, die von einer Hauptverkehrsstraße gekreuzt wird. Links und rechts stehen Ampeln. Auf den Signalflächen der linken Ampel befindet sich ein Pfeil der nach links und geradeaus weist, der Pfeil der rechten Ampel zeigt nur nach rechts. Es gibt keine markierten Abbiegespuren. In der Regel ordnen sich alle Autofahrer entsprechend der Pfeile ein. Häufig werden Fahrer, die links stehen und rechts blinken (oder umgekehrt) oder schräg stehen fälschlicherweise für Schlechtfahrer gehalten. Aber allein die Tatsache, dass sie den Blinker betätigen entlarvt diese Annahme als Irrtum. Es handelt sich lediglich um Ortsunkundige, die sich falsch eingeordnet haben. Derjenige, der genau in der Mitte steht und damit verhindert, dass während der kurzen Grün-Phase zwei Autos gleichzeitig abbiegen können, *das* ist der Schlechtfahrer.

Besonders entlarvend für den Schlechtfahrer sind Beschleunigungsspuren. Statt tatsächlich zu beschleunigen um sich in den fließenden Verkehr einzufädeln, nimmt er den Fuß vom Gas um am Ende des Beschleunigungsstreifens stehen zu bleiben und sich umzusehen. Ohne die Hände vom Steuer zu nehmen, versteht sich. Tut sich nun eine Lücke im Verkehr auf, dreht er sich nach vorne, sucht den ersten Gang, löst die Handbremse und fährt ohne nochmaliges Umsehen ein. Dem neutralen Beobachter bleibt in dieser Situation nur die Hoffnung, dass dem herannahenden Verkehr Autofarbe, Hut und Aufkleber aufgefallen ist.

Abschließend noch eine Sache, die ich bisher nur bei weiblichen Fahrern bemerkt habe. Gefragt, was sie beim Autofahren am wenigsten leiden können, kommt die Antwort "rückwärts-seitwärts einparken" mit Abstand am häufigsten. Das dürfte auch der Grund dafür sein, dass sie so gut es geht versuchen, diese Tortur zu vermeiden. Dabei verkennen sie allerdings, dass "vorwärts-seitwärts einparken" nur in den seltensten Fällen als Alternative taugt. Und wenn nun jemand versucht, mit Hilfe der "vorwärts-seitwärts'-Technik" einen Espace in der Parklücke unterzubringen, die eben von einem Smart geräumt wurde, dann ... ja dann erkennt man sie, die SchlechtfahrerIn!

Nicht einfach!

Das Leben ist nicht einfach. War es nie, wird es nie sein. Das liegt aber nicht an mir. vermutlich auch nicht an Dir, lieber Leser, aber es gibt da draußen einfach zu viele Menschen, die mir durch ihr Verhalten fast körperliche Schmerzen zufügen. Und deshalb ist das Leben nicht einfach. War es nie und wird es nie sein!

Ich gebe ja zu, dass es nicht jedem vergönnt sein kann, die Fernbedienung des Fernsehers oder DVD-Players so gekonnt handzuhaben, wie ich es vermag. Weshalb aber eine erstaunlich große Zahl von Fernbedienungsbenutzern gymnastische Übungen veranstalten um das Programm zu wechseln, erschließt sich mir trotz maximiertem Einfühlungsvermögen nur ansatzweise. Zugegeben, wenn man über sechs Meter vom Gerät entfernt sitzt, erreicht man durchaus einmal den Grenzbereich des Sendebereiches einer durchschnittlichen Fernbedienung, aber wer sich ein solches Wohnzimmer leisten kann, müsste doch auch beim Fernseher nicht auf den Cent schauen, oder?

Mit gymnastischen Übungen meine ich übrigens die spezielle Haltung, die den Betroffenen offensichtlich durch entsprechende Vorbilder aus alten Filmen vorgemacht wurde. Statt lässig in den Kissen des Sofas zu liegen und mit minimalem Bewegungsaufwand die Tasten der strategisch klug und damit leicht erhöht (beispielsweise auf einem zusätzlichen Kissen oder dem eigenen Oberschenkel) positionierten Fernbedienung zu drücken, richten sich diese armen Wesen fast vollständig auf und sind dabei äußert sorgfältig darauf bedacht, dass Arm und Fernbedienung eine exakt gerade Linie bilden. Ok, bis hier hin sieht es noch mehr nach Wachsfigurenkabinett aus, das Problem ist bei diesen Leuten allerdings, dass sie sich die Lage der Tasten nicht merken können und den Arm deshalb häufig wieder anwinkeln müssen um sich neu zu orientieren. Das Fernsehprogramm mit seinen unzähligen Werbepausen steigert den sportlichen Wert des Zappens zusätzlich. Kaum hat der Zuseher nämlich seine Bauchmuskeln entspannt und liegt wieder bequem in den Kissen, kommt die nächste Werbung und man muss erneut umschalten. Das ermüdet und somit wäre auch erklärt, dass diese Leute zu den meistgeschätzten Zielgruppen der Werbetreibenden gehören.

Aus dieser speziellen Gruppe der menschlichen Spezies scheinen auch bestimmte Referenten zu stammen, die noch ihrem Overheadprojektor nachtrauern und den Beamer mehr als Gegner denn als Hilfsmittel begreifen. Diese feindselige Einstellung gegenüber den Errungenschaften moderner Präsentationstechnik führt dazu, dass die typisch männliche Ignoranz jeglicher Bedienungsanleitungen noch deutlicher zu Tage tritt. Die Fernbedienung des Beamers wird nämlich konsequent auf die Leinwand gerichtet, um auf die nächste Folie umschalten zu können. Hier scheint das Gehirn nicht in der Lage zu sein, zwischen Empfänger und Bild zu trennen. Beim Fernseher zielt man schließlich auch auf das Bild. Eingangs erwähnte Schmerzen treten bei mir dann auf, wenn es einem solcherlei behinderten Referenten auch nach mehrmaligen Versuchen nicht gelingt, zur nächsten Folie zu gelangen und er mit Schweiß auf der Stirn auf bewährte Strategien zurückgreift, sich aufrichtet und den Arm, auf die Leinwand gerichtet, vollständig ausstreckt.

Ähnlich Orientierungslose findet der aufmerksame Zuschauer auch besonders häufig bei Live-Übertragungen von Sportveranstaltungen. In Fachkreisen werden diese Menschen "Anzeigentafelwinker" oder kurz ATW genannt. Unabhängig davon, dass ich nicht nachvollziehen kann, weshalb Menschen in Extase geraten, wenn sie bemerken, dass sie von einer Kamera erfasst wurden. Nüchtern betrachtet, müssten sie doch jederzeit damit rechnen, dass sie ihr Bild plötzlich auf der Anzeigetafel sehen, schließlich kennt man diese Aufnahmen hinlänglich von Olympischen Spielen oder den letzten Fußballweltmeisterschaften. Aber nein, der vollkommenen Überraschung folgt die ebenso vollkommene Extase. Und weil man solche starken Gefühle gerne teilt, muss der Sitznachbar schnellstmöglich auf dieses unfassbare Glück aufmerksam gemacht werden. Man weiß ja nie, wie lange der Regisseur diese Einstellung beibehält. Unglücklicherweise sind überschäumende Freude und Zeitdruck zwei Faktoren, die dem menschlichen Hirn sehr viel seiner Leistung abverlangen. So viel, dass die Präzision bisweilen darunter leidet und dem Nebenmann beim Versuch, seine Aufmerksamkeit auf die Anzeigentafel zu lenken, gerne mal der Oberarmknochen zertrümmert wird, statt ihn nur leicht anzustoßen. Überlebt der Nachbar den Angriff ohne schwere Verletzungen, fügt sich der ATW seiner Bestimmung: Er winkt. Warum auch immer und wem auch immer. Beim Ansehen solcher ATW stelle ich mir immer deren Kollegen oder Verwandte zu Hause an den Bildschirmen vor, die mit der gleichen Begeisterung und den gleichen Folgen für den weniger aufmerksamen Sitznachbarn ebenfalls winken.

Sei's drum, es geht ja eigentlich nicht darum, weshalb oder wem sie winken, sondern wohin sie winken. Offensichtlich gibt es auch in diesem Fall eine massive Störung zwischen visuellem Eindruck und korrekter Verarbeitung im Gehirn. Die Leute sehen sich auf dem Bildschirm von der Seite und beginnen nach vollzogener Körperverletzung am Sitznachbarn hektisch dorthin zu winken, wo sie sich sehen. Zur Anzeigetafel. Sie erkennen nicht, dass die Kamera offensichtlich nicht bei der Anzeigentafel steht, weil sie ansonsten ja von vorne zu sehen wären. Also winken sie weiterhin in die falsche Richtung und freuen sich darüber, dass sie nun endlich wissen, wie sie aussehen, wenn sie winken. Und zwar von der Seite betrachtet.

In Fernsehstudios stellt sich die Sache anders dar. Dort sehen die Leute ja permanent die Kameras und in welche Richtung sie zielen. Je nach Sitzplatz ist das übrigens eventuell das einzige was sie sehen. Außerdem sehen sie, wie die Moderatoren immer schön in die Kamera schauen. Deshalb gibt es dort praktisch keine Monitorwinker. Im Gegensatz zu ihren Leidensgenossen im Stadion werden sich diese Kameraopfer sofort Ihres Erscheinungsbildes bewusst, wenn sie dann tatsächlich formatfüllend zu sehen sind. Zumindest gewinnt man diesen Eindruck, wenn man die Reaktionen der Leute beobachtet. Meistens erstarren die Leute nämlich und versuchen krampfhaft unbeteiligt auszusehen. Sie wollen so aussehen, als ob sie die Kamera praktisch nicht wahrnehmen und nur aufmerksam der Show folgen. Dabei scheinen sie aber jegliche Bewegung zu vermeiden. Dass es sich dennoch um einen lebenden Menschen handelt, verrät lediglich das hektisch Zucken der Augen, mit dem versucht wird, zu erkennen, ob die Kamera immer noch drauf hält.

Dann gibt es da noch den Macho, der sichtlich wächst, wenn er im Bild ist und auf dessen Gesicht zu lesen ist "Frauen der Welt, hier bin ich!" oder die aufgetakelte Tussi, der man ansieht wie zerrissen sie ist, zwischen der Freude endlich ihre Schönheit weltweit präsentieren zu können und der Angst, dass der blöde Pickel auf der Nase trotz High-Tech-Kosmetik doch noch zu sehen sein könnte. Eher selten sieht man den Endzwanziger, der früher auf dem Schulhof vermutlich regelmäßig als Streber verprügelt wurde und der in seinem hippen Sweatshirt seltsam falsch aussieht. Der sofortige Schweißausbruch, der mit dem Erscheinen auf dem Monitor einhergeht, deutet dann auch darauf hin, dass Mami gar nicht weiß, dass er sich gegen ihren Willen und den karierten Pullunder entschieden hat.

Meistens sieht man aber Damen, die die Hand auf den Mund pressen, dabei anfangen zu gackern, sich leicht nach vorne beugen (vermutlich als Folge des Lachens) und sich dann zur Freundin umdrehen. Als gäbe es da irgendetwas zu lachen. Gibt es nicht, das Leben ist nämlich nicht einfach. War es nie und wird es nie sein.

Rap That!

Das Internet ist böse und schlecht! Nein, ist es natürlich nicht. Es ist das, was die Mitwirkenden daraus machen. Leider kommt es recht oft vor, dass ein paar geistige Kurzarbeiter diese Plattform nutzen, um der Welt zu sagen, was sie sich nicht mal in den eigenen Wänden zu sagen trauen.

Hinzu kommt eine Modeerscheinung, die bewirkt, dass unzählige junge Menschen ihrer Muttersprache fast gänzlich verlustig gehen. Verlustig hat nichts mit lustig zu tun. Ganz und gar nicht. Liest man hin und wieder in entsprechenden Foren, kann man sich zwar ein Lachen nicht verkneifen. Das ist aber eher von Sarkasmus geprägt, denn von Fröhlichkeit!

In unserem Forum wird auf Rechtschreibung, freundlichen Umgang miteinander und Toleranz viel Wert gelegt. Nicht umsonst bekam es im Laufe der Zeit den Beinamen Wohlfühlboard. Manchmal wird diese Toleranz auf eine harte Probe gestellt. Unter anderem auch damals, als ein Jüngling namens LiLkInG bei uns auftauchte. Er wird damals wohl so um die 14 Jahre alt gewesen sein und bediente sich einer Schriftsprache, die weitgehend auf die Verwendung von Satzeichen und Großbuchstaben verzichtete.

Hin und wieder auch auf einige Buchstaben, wodurch manche Worte einfach nicht mehr lesbar waren. LiLkInG war beratungsresistent. Hinweise auf seine Rechtschreibung oder Bitten um mehr Sorgfalt beim Korrekturlesen seiner Beiträge verhallten ungehört. Grund genug für mich, mir den Knaben etwas genauer anzusehen.

Ich begab mich also auf eine Seite, auf der er einige seiner selbst geschriebenen Rap-Texte veröffentlicht hatte. Einen davon las ich. Und dann las ich die Kommentare der Besucher, die es mir gleich getan hatten. Bedauerlicherweise habe ich damals versäumt, den Text für die Nachwelt zu erhalten. Aus Gründen der geistigen Unversehrtheit ist das aber vielleicht gar nicht so schlecht. Was der junge Mann da veröffentlicht hat, schien alle Vorurteile gegen das Medium Internet zu bestätigen. Reime, die einem die Augen wund werden lassen, erstaunliche Ansammlungen von Ausdrücken der Fäkalsprache und Verskonstruktionen, die, vorsichtig formuliert, äußerst kreativ waren. Das war schon schlimm genug. Aber die begeisterten Kommentare anderer Leser gaben mir dann den Rest. Wenn diese jungen Menschen unsere Zukunft sein sollen, dann fällt es schwer, Optimist zu bleiben.

Ich wäre aber nicht ich, hätte ich nicht noch einen Kommentar dazu abgegeben. Passenderweise in Form eines Raps.

Jungs und Mädels, ihr seid schlecht.
Und der Duden gibt mir recht,
wenn ich eure Fehler nenne,
eure Worte kaum erkenne,
ich den Sinn nicht mal begreife
und auf eure Reime pfeife.
Jungs und Mädels, eure Reime
sind nicht mehr als Rumgeweine.
Wie böse doch der andere ist.
Hat er euch ans Bein gepisst?
Euer ständiges Gejammer
klingt wie aus der Folterkammer.

Euer Problem heißt Pubertät,
was euch fehlt ist Qualität.
Ihr empört euch über Schwule,
geht offensichtlich nie zur Schule
ignoriert die Rechtschreibregeln
mit erhöhten Alko-Pegeln.

Ihr beherrscht die Sprache nicht,
blöd zu sein ist bei euch Pflicht.
Würdet ihr zur Schule gehen,
könnt' man euch vielleicht verstehen.
Doch ihr bleibt viel lieber dumm,
hängt weiter vorm Computer rum.

Und verteilt den ganzen Müll im Netz.
Ach wie schön wär' ein Gesetz,
das der Gesellschaft etwas bringt,
weil's euch in die Schule zwingt.
Doch die Chancen sind nur klein,
ihr wollt halt einfach Deppen sein.

Jungs und Mädels, denkt daran,
es rappe nur wer rappen kann.
Ihr mit euren feuchten Ohren
habt hier draußen nichts verloren.
Bleibt in euren Kinderzimmern
dort könnt Ihr in Ruhe wimmern.

Verschont uns einfach ab sofort
vom fortgesetzten Sprachenmord.
Eure Reime sind so schlecht,
weil ihr alle Regeln brecht.
Tut uns einfach den Gefallen
und hört auf so rumzulallen.

Warnung

Nachfolgende Begebenheiten soll einerseits den Kinderlosen als Warnung dienen, sich über die Änderung dieses Status lieber einen Gedanken mehr zu machen als einen zu wenig. Leidensgenossen, also Eltern, können sich daran erfreuen, dass es auch anderen so geht.

Folgende Ausgangssituation:

Meine Frau hatte einen neuen Job in einem frisch eröffneten Laden und musste deshalb mehr arbeiten als geplant. Unser Sohn sollte deshalb nach der Schule mit einer Schulkameradin im Bus zu deren Wohnung fahren. Eben jenes Mädchen feierte am Nachmittag ihren Geburtstag und Sohenmann war eh eingeladen, passte also perfekt. Noch besser passte, dass die Party in einer alten Hütte beim Fußballplatz stattfand. Weil unser Sohn nämlich am Abend auch noch Training hatte und von der Geburtstagsfeier direkt dort hin gehen sollte. Klingt einfach, klingt gut.

Erster Akt: Aber eben nur wenn's klappt und das ist bei einem fast 9 Jährigen offensichtlich nicht zwangsläufig der Fall. Dass der Plan nicht 100%ig geklappt hat, habe ich gehört, bevor ich es erzählt bekam. Nämlich an der Art, wie meine Frau die Wohnungstüre schloss, nachdem sie mit unserem Sohn nach Hause gekommen war. Das klang in etwa so, wie in einschlägigen Filmen die Gitter klingen, die ausgelöst durch die Alarmanlage, dem Dieb die Flucht erschweren sollen.

Mein Sohn hatte "echt überhaupt gar keine Lust" aufs Training, "echt nicht!" Also war er zum Trainer gegangen und hatte ihm gesagt "Ich wäre echt gern ins Training gekommen, aber eine Freundin von mir hat Geburtstag und deshalb geht's nicht.". Der Trainer hat sein Ok gegeben und alles war in Butter. Aber das ist nicht ganz die Wahrheit, wir mögen es nämlich nicht so gerne, wenn unser Sohn unsere Pläne einfach umwirft. Meine Frau mag das noch ein wenig weniger als ich. Auf den Hinweis, er hätte mich ja im Büro anrufen können um zu fragen, entgegnete er: "Ich wusste doch nicht, ob jemand ein Handy dabei hatte!".

Klingt logisch. Wenn man aber weiß, dass mein Sohn nicht die geringsten Hemmungen hat, jede noch so zweifelhafte Frage zu stellen und wenn man überdies weiß, dass er notfalls den gesamten Häuserblock nach einem Handy abfragen würde, wenn es darum ginge die Erlaubnis zur Übernachtung bei einem Freund zu bekommen, dann bewertet man diese Antwort differenzierter. Ich will's mal so formulieren, diese Antwort findet sich im Lexikon nicht unter dem Begriff "blutdrucksenkend".

Zweiter Akt: Während meine Frau und mein Abendessen bereits kochten, sollte unser Sohn seine Hausaufgaben vorlegen. Gerade wenn er sie auswärts machen soll, tendiert er nämlich zu übertriebener Großzügigkeit, was Ergebnisse und Ausführung angeht. Will sagen, egal ob's falsch ist und/oder scheiße aussieht, wenn's nur schnell geht. Dass wir ihm mit diesem Vorurteil nicht Unrecht taten, zeigte sich auf den ersten und den zweiten Blick. Wenn man es positiv auslegen will, kann man seine Kreativität loben. Sowohl Zeilenabstände als auch Spaltenabstände waren alles nur nicht gleichmäßig und 9 von 10 Mathe-Aufgaben waren falsch.

Auf meine zynische Bemerkung, dass er wenigstens eine richtig habe, sagte er "das war ja auch das Beispiel, das mussten wir nur abschreiben." Und zwar mit einer Naivität und ohne Absicht, mich zu provozieren, dass ich mir das Lachen kaum verkneifen konnte. Musste ich aber, weil eine Standpauke fällig war. 50-49=? Das war eine der Aufgaben. Daran sei er fast verzweifelt, meinte er, weil er das mit der Kontrolle nicht kapiert habe. Verständlich, sein Ergebnis lautete nämlich 19. Und dass man stutzt, wenn man 19+49 rechnet und nicht auf 50 kommt, ist nachvollziehbar.

Cool bleiben, mag man da denken, Mathe ist halt nicht so sein Ding. Doch eben, ist es. Die schlechteste Note, die er bisher heimbrachte war eine 2+! Und wenn er mit einem seiner Kollegen YogiOh (oder wie immer das auch heißen mag) spielt, rechnet er schneller 18000-300 als ich es in den Taschenrechner eingeben könnte. Mit anderen Worten: Egal ob's falsch ist und/oder scheiße aussieht, wenn's nur schnell geht. Mein Essen war fertig, meine Frau kochte weiter.

Dritter Akt: Mein Sohn hatte zwei Euro für den Bus bekommen und meine Frau fragte ihn, ob das Geld gereicht habe. Ja, habe es, die Fahrt habe nur einen Euro gekostet. Auf die Frage, wo denn das Restgeld sei, antwortete er "Weiß ich nicht mehr."

"Wie , das weißt Du nicht mehr?"

"Ja, ich weiß es halt nicht mehr."

"Ok, langsam. Du hast dem Busfahrer zwei Euro gegeben und er hat Dir einen Euro zurückgegeben. Und dann?"

"Ich weiß es nicht mehr."

"Hast Du ihn in die Hosentasche gesteckt?"

"Ja, aber da ist er nicht mehr."

Inzwischen begann nun auch mein Blut in Wallung zu geraten. Das klang nämlich verdächtig nach "Ich habe den Rest des Geldes in Süßigkeiten angelegt, aber weil ich das ja nicht darf, habe ich wohl vergessen, wo das Rückgeld hingekommen ist". Das habe ich dann auch gesagt. Meine Frau hakte ein und fragte "Was hast du mit dem Geld gemacht?" "Ausgegeben, für Süßigkeiten." Bingo!

Im weiteren Verlauf des Gespräches erzählte er dann, dass er die vollen zwei Euro ausgegeben habe, weil die Mutter seiner Freundin, ebendieser, das Busgeld für unseren Sohn schon mitgegeben hatte. Durch meine offen zur Schau gestellte Entrüstung fiel ihm dann doch die ganze Geschichte wieder ein und es stellte sich heraus, dass er lediglich 50 Cent "veruntreut" hatte.

Vierter Akt: Fassen wir zusammen: Mein Sohn gestaltet seinen Freizeitplan eigenmächtig, schludert gewaltig bei den Hausaufgaben, gibt wider besseren Wissens Geld aus und belügt uns auch noch. Es kam, was kommen musste, ich erklärte meinem Sohn, was er alles falsch gemacht hatte und was das für Konsequenzen haben würde. Sinngemäß zusammengefasst:

"Du darfst uns nicht anlügen!"

"Aber dann bekomm ich doch Ärger!"

"Wenn du dich in den nächsten drei Wochen nicht zusammenreißt, kannst du deine Geburtstagsparty vergessen!"

"Auch die Geschenke?"

"Außerdem darfst Du weder fernsehen, noch mit der Konsole oder dem Computer spielen!"

"Ok, wie lange?"

Nach diesem pädagogisch wertvollen Gespräch (bei dem ich nur ganz selten lauter wurde *indieTischkantebeiß*) waren dann noch die Matheaufgaben dran, die musste er ja noch mal machen. Und siehe da, es klappte. Ohne Fehler und fast schön geschrieben. Mit dem guten Gefühl, dass mein Sohn verstanden hatte, worum es geht, habe ich ihn dann gefragt, ob es nicht viel besser sei, wenn er seine Hausaufgaben immer gleich anständig machen würde. Seine Antwort "Ja, aber das dauert dann immer so lang und ich kann mich erst so spät mit meinen Freunden treffen."

Schluss: Eigentlich wollte ich nach dem Essen meinen Sohn ins Bett bringen und dann an den Rechner sitzen um ein wenig zu spielen. Stattdessen habe ich eine halbe Stunde gepredigt, eine halbe Stunde Hausaufgaben betreut und eine halbe Stunde geschrieben. Ok, man mag der Ansicht sein, zumindest Letzteres hätte ich ja nicht unbedingt tun müssen. Musste ich aber. Die Alternative wäre nämlich gewesen, auf den Balkon zu gehen und fünf Minuten zu schreien. Und das hätte einen schlechten Eindruck auf die Nachbarn gemacht. Außerdem hat es in Strömen geregnet.

Also ihr Kinderlosen, überlegt es euch gut. Und euch Eltern rufe ich zu: Ich fühle mit euch!

Du Fisch!

In letzter Zeit kommt es - bedingt durch mein Alter - immer häufiger vor, dass ich beim Fußball Gegenspieler habe, die gerade mal halb so alt sind wie ich. Diesen Jungs fehlt häufig die nötige Gelassenheit, wenn's mal nicht so richtig läuft. Ein Rückstand, Meinungsverschiedenheiten mit dem Schiedsrichter und das Gelächter der eigenen Fans, weil sie keine Chance gegen die alten Säcke haben, belasten diese jungen Menschen über Gebühr. Und da brennen halt mal hier und da ein paar Sicherungen durch.

Unter solchen Bedingungen spielte ich jüngst gegen einen jungen Mann, der permanent herumschrie. Foul hier, Abseits dort und alle waren gegen ihn. Etwas lauter als unbedingt nötig, fragte ich deshalb seinen Mannschaftskameraden, ob denn der Arme heute morgen seine Tabletten nicht bekommen habe. Mein Gegenspieler stürmte daraufhin auf mich zu und begann mich aufs Übelste zu beschimpfen. Durch den Schaum vor seinem Mund konnte ich nicht alles verstehen, am häufigsten nannte er mich aber "Fisch". Ich war überrascht, dass er mein Sternzeichen kannte und sagte ihm dies auch. Offensichtlich war das nicht die Reaktion die er erwartet hatte und er kam mir so nahe, dass sich unsere Nasen berührten.

Ich drehte mich weg und bat ihn in weiterhin freundlichem Ton, er möge wegen seines Mundgeruchs doch ein wenig Abstand wahren, zumal wir uns ja wirklich noch nicht so lange kannten.

Sein oben bereits angesprochener Mangel an Gelassenheit führte in der Folge zu einem Tritt in mein Gesäß, dadurch zum Platzverweis für den jungen Rabauken und schließlich zum deutlichen Sieg für unsere Mannschaft. Ich verkniff mir allerdings, meinen Gegenspieler nach dem Spiel auf diesen Umstand hinzuweisen, sondern ging nur lächelnd an ihm vorbei. Völlig gelassen natürlich.

Stress

Das Leben, und das möchte ich an dieser Stelle nochmals deutlich unterstreichen, das Leben ist nicht einfach. Hin und wieder ist dies aber nicht nur eine unumstößliche Tatsache, sondern auch noch stark untertrieben. Das Leben ist manchmal nämlich auch hinterlistig oder, um es wissenschaftlich korrekt zu formulieren, foll vies!

Freitage, das fällt einem gleich ins Auge, sind in der einschlägigen Literatur diesbezüglich besonders häufig beschrieben. Das liegt daran, dass viele Menschen sich ab dem Weckerklingeln am Morgen bereits auf das nahende Wochenende freuen und somit den Hinterhältigkeiten des Tages quasi schutzlos ausgeliefert sind.

Vorausgesetzt, dieser Wecker klingelt dann, wenn es notwendig ist. Das hat er nicht getan. Da fliegen wir zum Mars und sind nicht einmal in der Lage, einen Wecker zu bauen, dem es spanisch vorkommt, dass er erst um sieben klingeln soll, wo doch mein Sohn um Viertel nach Sieben schon am Bahnhof stehen sollte. Da mein Sohn den Verzicht auf die Klassenfahrt ins Planetarium nicht als annehmbare Option akzeptiert, bleibt mir nichts anderes übrig, als mich in Höchstgeschwindigkeit anzuziehen und gleichzeitig meinen Sohn dazu zu bewegen, die Klamotten anzuziehen, die ich als angemessen betrachte, er aber als äußerst uncool ansieht. Da uns die Zeit für eine ausführliche Diskussion fehlt, gebe ich schließlich nach und gestatte ihm, Klamotten anzuziehen, die er cool findet bei mir hingegen nervöses Zucken in den Augenlidern hervorruft.

Punkt 7:16 Uhr sitzen wir im Auto und rasen los. Clever wie ich bin, erspare ich mir den Anblick des abfahrenden Zuges und starte direkt Richtung Nachbarort, wo der Zug das nächste Mal anhalten wird. Wir erreichen den Bahnhof rechtzeitig und warten entspannt auf den Zug mit der Schulklasse meines Sohnes. Der kommt aber nicht. Heute gar nicht mehr, wegen des Streiks der Lokführer. Na prima, das hätte mir ja wirklich jemand sagen können. Ich hole mein Handy aus der Tasche um mich bei der Klassenlehrerin zu beschweren und entdecke, dass ich drei Anrufe verpasst habe. 6:30, 6:45 und 7:00. Außerdem eine SMS, die mir verrät, dass ich offensichtlich eine Nachricht auf der Mailbox habe.

Da bauen wir eine Raumstation, sind aber nicht in der Lage, ein Handy zu entwickeln, das merkt, dass es unmöglich sein kann, dass man die Stummschaltung so lange beibehalten will. Der ganze Stress umsonst. Was wieder einmal bestätigt, dass das Leben einfach nicht einfach ist.

Superheld

Angenommen du wärst ein Superheld und könntest fliegen. Wäre doch toll, oder? Oder vielleicht doch nicht? Wie würdest du denn fliegen? Ich meine, hast du dir darüber schon mal Gedanken gemacht? Klar, als erstes hat man Superman im Kopf. Einen Arm nach vorne ausgestreckt, die Hand zur Faust geballt. Den anderen Arm wahlweise in gleicher Art nach vorne gestreckt oder nach hinten am Körper anliegend. Windschnittig, kraftvoll, cool.

Aber das willst du nicht wirklich, oder? Leg dich einfach mal aufs Bett (so, dass der ausgestreckte Arm in der Luft hängt) und probier's aus. Ich wette da reicht die Kraft nur für einen kurzen Rundflug. Also ist das mit dem ausgestreckten Arm wohl doch nicht so das Wahre. Aber man kann die Arme auch nicht einfach nach unten hängen lassen, wenn man Menschen in Not zur Hilfe eilt. Das sähe so doof aus, dass man die Menschen nur gerettet hat, damit sie sich anschließend totlachen.

Klar, jetzt kommen die Klugscheißer und erzählen, dass wir als Superheld ja nicht per Flügelschlag oder Propeller fliegen. Nein, wir entziehen uns einfach der Schwerkraft, also können wir unsere Arme einfach wie Supermann nach vorne strecken. Ok, kann man so sehen. Aber das bedeutet noch lange nicht, dass wir schmerzfrei fliegen können. Die Haltung an sich ist einfach unangenehm. Und deshalb gesellen sich zu den Nackenschmerzen recht schnell auch Schmerzen in der Schulter.

Nackenschmerzen? Na klar!. Wenn du wissen willst, wo Du hinfliegst, wirst Du nicht umhin kommen, den Blick in Flugrichtung zu richten. Es wirkt einfach nicht gut, wenn ein Superheld das Triebwerk eines Flugzeugs abreißt, ein Gebäude abrasiert oder ein Schwarm Vögel vom Himmel holt, nur weil er zur Entspannung mal nach unten blickt. Dass einem nach kurzer Zeit der Nacken weh tut, kann man wieder recht einfach ausprobieren, auch ohne Bett. Stell die hin und lege dann den Kopf soweit in den Nacken wie es geht! Na, bequem? Vergiss es!

Es scheint also, als sei fliegen im Liegen keine so tolle Idee. Dann vielleicht im Sitzen. Aber wie? Wie auf einem Stuhl? Wohl kaum, fehlte nur noch, dass wir den Ellenbogen aus dem imaginären Fenster halten. Dann vielleicht im Schneidersitz, die Hände im Schoß liegend? Ich finde, das sieht zu sehr nach irgendeiner indischen Gottheit aus, auf jeden Fall nicht nach Superheld. Nicht liegend und nicht sitzend, bleibt also nur noch stehend. Das könnte man ja noch einigermaßen cool hinbekommen. Beine leicht gespreizt, Arme beim Start nach unten, ebenfalls leicht vom Körper abgespreizt und im Flug vor der Brust verschränkt. Nicht schlecht, oder? Dabei kommen wir uns beim Trockentraining auch nicht so blöde vor, wie bei den anderen Varianten.

Ok, das ging ja fix, wir wissen jetzt also wie wir fliegen würden, wenn wir fliegen könnten. Aber es gibt noch so viele andere Fragen. Wie hoch können wir fliegen und wie schnell? Wie sieht's mit dem Bremsen aus? Ein nicht ganz unwichtiger Punkt, wenn du mich fragst. Und dann natürlich die Frage ob es anstrengend ist, zu fliegen. Ich meine Hulk ist ja schon ziemlich stark, aber dennoch muss er sich anstrengen, wenn er mal wieder Panzer durch die Gegend wirft. Es ist vermutlich schon ein Unterschied, ob sich so ein Flug von Hamburg nach Berlin eher wie ein leichtes Traben zum Briefkasten bemerkbar macht oder doch eher wie ein Marathonlauf mit 11% Steigung auf der Strecke.

Und was ist mit angemessener Kleidung? Schützt uns unser cooles Outfit auch bei Regen? Frieren wir, wenn wir durch die Stratosphäre rasen? Werden Schweißflecken sichtbar, wenn man nach einem anstrengenden Flug wieder landet? Fängt man gar an zu stinken? Ich meine, das stimmt einen doch nachdenklich, wenn sich eine junge Dame, die wir gerade aus einem brennenden Haus gerettet haben, nur mit Mühe bedanken kann, weil ihr unser Schweißgeruch fast den Atem nimmt. Also wasserdicht, winddicht und atmungsaktiv sollten die Sachen schon sein. Außerdem sollten wir uns darüber im Klaren sein, dass wir entweder 5-Wetter-Taft brauchen um unsere Frisur bei diesen Geschwindigkeiten in Form zu halten, oder wir wählen die Frisur "American Soldier", was bei weiblichen Superhelden vermutlich auf wenig Begeisterung stoßen dürfte.

Von den zu erwartenenden Problemen mit den Behörden will ich erst gar nicht anfangen. Als Stichworte mögen TÜV, Flugschein, Wartung und Blackbox ausreichen, um sich auszumalen, was in Deutschland auf einen fliegenden Superhelden alles zukommen könnte. Also, ich will dir ja jetzt nicht den Spaß nehmen, aber wenn die gute Fee demnächst mal auftaucht und dir den Job als fliegender Superheld anbietet, überleg dir genau, was du sagt! Und unterschreib nichts, bevor du nicht das Kleingedruckte gelesen hast.

Mädchen

Als Mann habe ich ja das natürliche Recht auf Macho-Gehabe, und diese Masche erfüllt, sparsam eingesetzt, durchaus auch heute noch hin und wieder ihren Zweck. Emanzipation hin oder her. Man muss sich als Mann einfach ab und zu mal beweisen, wie hart, schmerzunempfindlich oder cool man ist. Sich oder auch anderen. Anderen Männern zu Beispiel.

Wenn ich also als einziger meiner Mannschaft bei minus 1 Grad ohne Handschuhe spiele, lasse ich gerne mal den Macho raushängen, auch wenn ich schon nach wenigen Minuten meine Finger nicht mehr spüre. Mein Standardspruch lautet in einem solchen Fall "Ich bin doch kein Mädchen". Wobei inzwischen die Vergangenheitsform angebrachter wäre. Seit einiger Zeit fällt mir nämlich auf, dass ich wohl das Recht verwirkt habe, mich einen, im Sinne des Machos, echten Mann zu nennen.

Werfen wir einen kurzen Blick zurück in die Vergangenheit. Da begab es sich einmal auf einer Klassenfahrt nach Südtirol, dass ich in einer Disco des Skidorfes ein Mädchen sah und mich sofort für es begeisterte. Leider war diese Sympathie nur einseitig, sie bevorzugte einen meiner Klassenkameraden. Allerdings nur kurze Zeit, dann sah ich beide in ein kurzes, heftiges Gespräch verwickelt, am Ende dessen meine neue Traumfrau wutentbrannt die Disco verließ. Ich sah meine Chance und folgte ihr ohne an eine wärmende Jacke zu denken.

Trotz ihrer Proteste begleitete ich sie zu ihrer Unterkunft und bot ihr die berühmte Schulter zum Ausweinen an. Sie müsse aber erst kurz aufs Zimmer, ich könne ja warten, wenn ich unbedingt wolle. Ich wollte und das führte dazu, dass ich bei 10 Grad unter Null, ohne Jacke 20 Minuten auf das Mädel gewartet habe. Hat sich nicht gelohnt, muss ich aus heutiger Sicht sagen, aber darum geht es ja nicht. Es geht darum, dass ich der Natur getrotzt habe. Ohne mit der Wimper zu zucken.

Im Winter darauf fuhr ich mit Freunden in ein Konzert einer lediglich in der Region bekannten Rockband. Das bedeutet in meiner Gegend eine Fahrt über kleine Dörfer die durch schmale Landstraßen verbunden waren. Bis wir uns wieder auf den Rückweg machten, ging alles gut, dann ging es plötzlich glatt. Wir waren mit nur 30 km/h unterwegs, aber es war so glatt, dass wir in einer Kurve die Kurve nicht schafften und geradeaus auf den einzigen Baum im Umkreis von 2 km zurutschten. Dank der geringen Geschwindigkeit überstanden wir den Aufprall unverletzt, aber das Auto war Schrott. Also mussten wir, keineswegs winterlich gekleidet, 5 km zum nächsten Dorf marschieren, um telefonisch Hilfe zu holen. Handys gab's damals ja noch nicht. Am nächsten Tag erfuhren wir, dass wir uns die kälteste Nacht seit 25 Jahren ausgesucht hatten. Ausgemacht hatte uns das aber nichts. Wir waren ja Männer, keine Mädchen.

Und was ist heute? Ok, mein Auto steht im Freien und kühlt im Winter also vollkommen aus. Aber es ist trotzdem deprimierend, dass ich Handschuhe anziehen muss, damit ich nicht den ganzen Tag unter kalten Händen leide. Bevor ich das Büro betrete. verstaue ich die Handschuhe zwar unauffällig in meinem Rucksack, aber damit täusche ich höchstens die beiden jungen Sekretärinnen, nicht aber mich selbst.

Aber damit nicht genug. Jeden Sonntag morgen im Winter hoffe ich, die Augen aufzumachen und keinen Schnee zu sehen. Das würde nämlich bedeuten, dass mein Sohn unbedingt Schlitten fahren will und meine Frau die Idee toll findet. Nun wohne ich am Fuße des Schwarzwaldes und was böte sich da mehr an, als dort im Schwarzwald den Wunsch meines Sohnes zu erfüllen? Schlimm nur, dass ich schon auf dem Fußweg vom Parkplatz zur Rodelbahn das Gefühl habe, dass meine Ohren bei der kleinsten Erschütterung abfallen. Handschuhe habe ich zwar an, aber als echter Mann besitze ich so etwas wie eine Pudelmütze oder einen Schal nicht.

Wobei ich mir beides schon Minuten später wünsche, weil der Wind dermaßen bösartig kalt ist, dass ich bereits nach der ersten Abfahrt auf die Uhr schaue und bemüht erstaunt feststelle, dass es schon so spät ist. Aber natürlich ist mein Sohn nicht dumm und ignoriert diese sinnlose Bemerkung. Aber auch meiner Frau entgeht dieser versuchte Hilferuf und ich beginne mich mit meinem Schicksal abzufinden. Unwillkürlich schießen mir die Bilder erfrorener Menschen durch den Kopf, wie sie im Hollywood-Reißer "The day after tomorrow" zu sehen sind, nachdem die Nordhalbkugel von einer Blitzeiszeit überrascht wurde.

Erst als ich das Gefühl habe, dass ich künftig meine Schuhe einige Nummern kleiner kaufen kann, weil meine Zehen abgefroren sind, erbarmt sich meine Familie und wir treten den Heimweg an. Nicht ohne zuvor eine kleine Schneeballschlacht gemacht zu haben. Aufgrund meiner Bewegungsunfähigkeit verliere ich natürlich, aber mein Sohn freut sich und meine Frau ist ganz gerührt, dass ich ihm die Freude lasse. Zu Hause angekommen reiße ich mir die feuchten Klamotten vom Leib, dusche heiß, werfe mich in meinen Frottee-Schlafanzug, trinke einen Tee und setze mich auf die Heizung. Nach einigen Minuten scheint sich das Blut in meinen Adern wieder zu verflüssigen und ich wimmere leise vor mich hin, während ich Zähne zusammenbeiße um ob der Schmerzen in meinen Füßen nicht zu schreien.

Glücklicherweise bekommt mein Sohn diese jämmerliche Szene nicht mit, weil er sich entschieden hatte, noch ein wenig draußen im Garten zu spielen, wo er mit bloßen Händen einen kunstvollen Schneemann baut. Eine Stunde später fühle ich mich besser und als mein Sohn endlich reinkommt und sich Mitleid heischend seine eiskalten Hände reibt, bin ich wieder Manns genug um ihm zu sagen: "Hab Dich nicht so, Du bist doch kein Mädchen!".

Zum Mars

Wir fliegen zum Mars! Na ja, noch nicht so richtig, bisher sind es nur unbemannte Sonden, die mehr oder minder erfolgreich auf dem Mars landen. Aber darum geht es eigentlich gar nicht. Es geht bei dieser Aussage mehr um die Symbolkraft. Wir Menschen haben es geschafft, den Planeten zu verlassen und Entfernungen zurückzulegen, die für Otto Normalverbraucher unvorstellbar sind. Aber gerade für den Durchschnittsmenschen ist dieser Satz 'wir fliegen zum Mars' von Bedeutung. Nämlich immer dann, wenn man im alltäglichen Leben auf Probleme stößt, die im Zeitalter der Raumflüge eigentlich zu lösen sein müssten. Beispiele? Gerne!

Wir fliegen zum Mars, und trotzdem gibt es immer noch PC-Boxen, bei denen sich die Knöpfe zum Einschalten auf der Vorderseite befinden. Das wäre grundsätzlich egal, wenn der Netzschalter von oben nach unten betätigt werden müsste, oder die Box etwa 50 kg wiegen würde. Tut sie aber nicht. Als ob der Hersteller der Ansicht wäre, mein Leben wäre ohnehin zu schön, sind diese Boxen praktisch gewichtslos. Und der Schaler ist natürlich so angebracht, dass ich von vorne drauf drücken muss. Versuche ich also die Boxen einzuschalten, schiebe ich sie einfach vom Schreibtisch. Es sei denn, ich habe ausreichend große Hände um die Box mit den anderen Fingern zu halten. Ich könnte natürlich auch beide Hände nehmen. Mit der linken halte ich die Box und mit der anderen schalte ich sie ein. Und zack, sind wir beim Thema. Wir fliegen zum Mars, stellen aber PC-Boxen her, die man zweihändig einschalten muss!

Wir fliegen zum Mars und trotzdem sind die Festplatten-Rekorder nicht intelligent genug. Nein, ich spreche nicht davon, dass meine Showview-Programmierung das Ende des Films abschneidet, weil ich die Uhrzeit des Gerätes nicht genau justiert habe. Es geht auch nicht darum, dass ich mehrere Wochen die Vorwürfe meines Sohnes anhören muss, weil ich statt Asterix Sendungen wir Frauentausch und K11 aufgenommen habe. Ich kann ja nicht verlangen, dass das Gerät weiß, dass ich Pro7 meine, wenn ich RTL programmiere. Aber dass mein High-Tech-Teil nicht aufmuckt, wenn ich beim Datum das Jahr statt 95 statt 05 eingebe, grenzt schon fast an Bösartigkeit. Das Gerät akzeptiert ein Datum, an dem es vermutlich noch nicht mal als Plan in den Schubladen der Entwickler lag. Originell wäre es natürlich gewesen, wenn wenigstens das Programm aufgenommen worden wäre, das vor 10 Jahren lief. War's aber nicht. Es wurde nichts aufgenommen. Und als ich die Programmierung prüfte zeigte mir das Gerät eine Warnung an: "Termin abgelaufen" Aber Hauptsache wir fliegen zum Mars.
Wir fliegen zum Mars und machen auch sonst ganz tolle Sachen. Wir können uns per Fingerabdruck in unseren Rechner einloggen, per Iris-Scan beweisen, dass wir auch wirklich Geld vom Automaten bekommen dürfen und Ganzkörper-Scanner sorgen dafür, dass wir ohne ewiges An- und Ausziehen schauen können, wie uns dieses

Hemd oder jene Hose passt. Aber damit nicht genug. Die Geheimdienste haben die Möglichkeit, bestimmte Worte aus Telefonaten herauszufiltern, unsere PC können uns Texte vorlesen und auch gesprochene Worte in geschriebene umwandeln. Wir haben auf diesem Gebiet unglaubliche Fortschritte gemacht und stellvertretend dafür dient das Bild vom Flug zum Mars. Und da stehen wir nun, können zum Mars fliegen, bringen es aber nicht fertig, dass unser E-Mail-Programm darauf hinweist, dass wir zwar von einem Anhang schreiben, beim Druck auf den Senden-Button aber keinen eingefügt haben.

Hatte ich schon mal erwähnt, dass wir fähig sind zum Mars zu fliegen? Aber nicht nur das. Wir schaffen es auch zu verhindern, dass uns beim Öffnen einer Zeitschrift nicht die komplette Werbebeilage entgegenkommt. Ich spreche von diesen kleinen Klebepunkten, bei deren Entwicklung sich aber leider ein klitzekleiner Fehler eingeschlichen hat. Sie funktionieren nämlich nicht. Zumindest nicht wie beabsichtigt. Der Klebepunkt bleibt nämlich nicht an der Postkarte haften, sondern an der Zeitschriftenseite und sorgt danach für eine bleibende Verbindung zwischen ihr und der Nachbarseite entsteht. Für den unwahrscheinlichen Fall, dass der Klebepunkt doch an der Karte bleibt, kann man davon ausgehen, dass er trotzdem an der Seite haftet und damit einen Teil des hochinteressanten Artikels auf der Rückseite ungewollt aus der Zeitschrift entfernt. Wir fliegen zum Mars und scheitern auf der anderen Seite an solchen Problemen. Mutige Leute, diese Astronauten...

Ja ja, die Flüge zum Mars. Schon wichtig so, da kann man viel forschen und entdecken und so. Blödsinn! Vielleicht sollten wir zunächst erst mal die Probleme lösen, die uns hier auf der Erde um den Schlaf bringen. Und zwar seit es Schlüssel gibt, die in Hosentaschen passen. Es muss doch möglich sein, eine Art Frühwarnsystem zu entwickeln, das einem rechtzeitig meldet, dass man im Begriff ist, die eingekauften Sachen genau auf den Arm zu stapeln, den man kurze Zeit später benötigen würde, um den Auto- oder Wohnungsschlüssel aus der Hosentasche zu fischen. Aber nein, wir fliegen ja lieber ein bisschen durch den luftleeren Raum.

Fasching

Alles neu macht der Mai. Oder der September. Zumindest bei mir. Es war nämlich jener Monat, in dem ich meine Freundin kennen lernte. Wobei auch dabei das Lernen nicht eine Angelegenheiten von einigen Augenblicken war, sondern langfristig angelegt ist. Hätte ich damals schon alles gewusst, was ich heute weiß, es wäre sicher anders gekommen. Kam es aber nicht. Und nicht nur es, sondern auch der Jahreswechsel. Und der liegt ja bekanntermaßen mitten in der fünften Jahreszeit. Selbst beim Schreiben dieses Ausdrucks stellen sich meine Nackenhaare. Daran lässt sich ablesen, dass ich nicht zu den Fastnachtsfanatikern oder den Karnevalskönigen oder gar den Faschingsfetischisten gehöre. Leider gelang es mir bislang nicht, diesem Treiben gegenüber nichts als Gleichgültigkeit entgegenzubringen. Nein, es ist offene und aus tiefster Überzeugung empfundene Abneigung.

Wo waren wir? Ach ja, das Kennenlernen. Es ist schön, wenn man viele Gemeinsamkeiten hat, wenn man in den Wesentlichen Dingen auf gleicher Wellenlänge liegt, sich ergänzt oder ausgleichend wirkt. In unserem Falle gleicht meine Freundin meine negative Begeisterung für Fastnacht aus. Oder anders formuliert: Auf der nach oben offenen Faschingsfanskala belegen wir beide entgegengesetzte Enden. Das ist aber gar nicht so schlimm. Schließlich muss ja auch jemand auf die Kinder aufpassen, wenn die Dame des Hauses das Haus verlässt. Eine perfekte Aufgabe für mich, zumal es ja auch wichtig ist, dass unser Computer durch das Schreiben von E-Mails und gelegentliches Onlinebanking nicht einseitig belastet wird. Es stellte sich aber recht schnell heraus, dass ich voll in diese Sache hereingezogen werden würde.

Ich persönlich bemerkte früher die Fastnacht in der Regel erst wenn die Geltentrommler am Schmutzige Duntschtig früh morgens durch die Fußgängerzone zogen. Eine Gelte ist ein Waschzuber, der mit der Öffnung nach unten wie eine Trommel getragen und mit schweren Holzlöffeln bearbeitet wird. Dazu gibt es dann einen Spruch mit mehreren Strophen, dessen Sinn ich nie verstanden habe. Allerdings habe ich mir auch nie die Mühe gemacht ihn, zu ergründen. Das war früher. Im letzten Jahr bemerkte ich die nahende

Faschingszeit am immer gequälter aussehenden Gesichtsausdruck meiner Liebsten. Frauentypisch hatte sie nämlich nicht nur nichts anzuziehen, dieses mal hatte sie dieses Nichts noch nicht einmal im überfüllten Kleiderschrank. Ihr fehlte ein Kostüm. Mir übrigens auch, habe ich in diesem Zusammenhang erfahren. Also habe ich im Internet recherchiert, ein gestreiftes Häftlingskostüm bestellt und war wenige Tage später bestens gerüstet für die Närrischen Tage.

Hatte ich schon mal erwähnt, dass das Leben nicht einfach ist? Es ist nicht einfach. Sich ein vernünftiges Kostüm zu kaufen sei nämlich viel zu teuer, musste ich mir sagen lassen. Deshalb wollte meine Freundin selbst eins nähen. Meine diesbezüglichen Zweifel bezogen sich nicht, wie zunächst unterstellt, auf ihre handwerklichen Fähigkeiten, sondern viel mehr auf diese angeblich kostengünstigere Variante. Aber wie das mit Zweifeln nun mal so ist, sie wurden vom Tisch gewischt. Von einem Tisch, der gleich nochmals Erwähnung findet. So beschaffte sich meine Freundin nach endlos langer Suche also ein Schnittmuster aus dem Laden und gleich noch die benötigten Stoffe. Und tatsächlich, nachdem unser Esstisch einige Tage als Schneiderwerkstatt missbraucht wurde, bekam ich unter die Nase gehalten, dass es sehr wohl billiger sei, das Kostüm selbst zu schneidern. Die Tatsache, dass die Stoffe aus einem Räumungsverkauf stammten und somit nie wieder so günstig zu haben sein würden und der Umstand, dass Zeitungspapier nicht ausreicht, um beim Übertragen eines Schnittmusters den Tisch vor den scharfen Zacken des Kopierrädchens zu schützen und nun eigentlich abgeschliffen werden müsste, zählten bei der Vergleichsrechnung übrigens nicht. Das Leben ist nicht einfach. Ich habe nicht Unrecht, sondern auch einen Esstisch mit Schnittmuster.

Aber von solchen Kleinigkeiten lässt sich ein Narr nicht aufhalten. Irgendwann war auch das selbst geschneiderte Kostüm fertig und wir waren bereit. In meinem immerwährenden Bemühen um den häuslichen Frieden, ließ ich mich breitschlagen, an zwei fastnachtlichen Veranstaltungen teilzunehmen. Eine Entscheidung, die, wie mir später deutlich vor Augen geführt wurde, belegte, dass der häusliche Frieden nicht um jeden Preis gewahrt werden muss. Sei's drum, ich hatte zugesagt und wir machten uns am Fastnachtssamstag auf den Weg in den Nachbarort. Dieser verfügt über eine beschauliche Altstadt mit schmalen Gassen, in denen sich Geschäfte und Kneipen aneinander reihen. Schmale Gassen haben aber den Nachteil, dass es recht schnell eng wird, wenn viele Leute einkaufen gehen. Dies gilt in verstärktem Maße, wenn der verfügbare Platz durch diverse Verkaufsstände für Alkoholika und Speisen drastisch reduziert wird. Richtig übel wird es dann aber, wenn noch Hunderte von mehr oder minder originell verkleidete Menschen zusätzlich die Gassen bevölkern. Ich ließ mich also eine Weile durch die Gegend schieben (eigene willentliche Richtungs- oder Geschwindigkeitsänderungen waren nicht möglich), ließ mich hier und da zu einem alkoholischen Getränk nötigen (obwohl es vermutlich die einzige Möglichkeit gewesen wäre, diesen Wahnsinn zu ertragen) und versuchte mich hin und wieder in Plaudereien mit Menschen, die ich nicht kannte, die mich aber trotzdem in ihr Herz geschlossen hatten, wenn man das aus den innigen Umarmungen uns Schulterhieben ableiten kann. Dennoch freute ich mich, sah ich doch, wie meine Freundin die Sache genoss. Bewundernswerterweise schaffte sie es, mehreren Gesprächen gleichzeitig zu folgen, ihr Getränk trotz gröbster Rempler nicht zu verschütten und gleichzeitig zu den rhythmischen Klängen einer Guggenmusik zu tanzen. Wobei jene Gruppe diesen Namen nicht verdiente. Typischerweise klingen Guggenmusiken ja etwas schräg. Diese Gruppe seltsam kostümierter Instrumententräger hörte sich jedoch mehr wie eine Freejazz-Kombo an, die versehentlich das gleiche Lied spielte. Statt warmer Füße durch das Herumspringen bekam ich halt warme Ohren vom zuhalten. Nach ein paar Stunden hatte uns die Masse wieder ausgespuckt und wir fuhren nach Hause. Um eine Erfahrung reicher und viele Euro ärmer. Die Getränkepreise ließen nämlich den Schluss zu, dass die Standbetreiber nicht gewillt sind, bis zur nächsten Fastnacht durch normale Arbeit für ihren Lebensunterhalt zu sorgen und entsprechende Reserven schaffen wollen.

Veranstaltung zwei begann nur wenige Stunden später, am nächsten Nachmittag. Kindernachmittag der Narrenzunft in der Stadthalle. Dabei stellt sich die Frage, was schlimmer ist. Hunderte von erwachsenen Narren in einer überfüllten Altstadt oder rund 150 entfesselte Nachwuchsnarren in der Altersklasse von 0-14. Weinerliche Cowboys deren begrenzter Munitionsvorrat nach wenigen Minuten Dauerfeuer bereits erschöpft war und genervte Mütter, die bereits nach der ersten Salve die Krise bekommen. Süüüße Prinzessinnen, die in Tränen ausbrechen, weil die Glitzerbarbie verschwunden ist und genervte Väter, die jedes mal mit müssen, wenn die Kleine auf die Tanzfläche will. Spaß und Frohsinn wohin mal blickt. Wirklich Spaß hatten nur die Leute mit denen ich da war. Sekt und Bier waren in ausreichender Menge vorhanden und die Kinder spielten draußen irgendwelche Sachen, die man auch an anderen Tagen spielt. Nur ohne die lästige Verkleidung. Aber es ist ja Karneval und alles ist lustig und alle sind lustig. Auch die Losverkäufer, die jedes Elternteil so lange anlustigten, bis man eine Hand voll Lose gekauft hat, nur damit sie endlich verschwinden. Dann aber mit einem echten Grinsen. Sie wussten zu diesem Zeitpunkt nämlich schon, was ich erst später erfahren würde. Und zwar genau dann, wenn unsere drei Jungs mit der Ausbeute der Lose zurückkommen, die ich dem Losterroristen für 15 Euro abgekauft hatte. Ein Terminkalender aus dem Vorjahr, ein Eiskratzer, ein paar rosafarbene und echt flauschige Ohrenwärmer und ein Mobile für Neugeborene. Aber wenigstens kann man sich hier frei bewegen. Was allerdings auch nicht nur Vorteile hat, weil ich auf dem Weg zur Toilette mehrfach von Nachwuchspolizisten mit diesen kleinen gelben Plastikkugeln angeschossen werde und beim Erleichtern meiner Blase mangels Abwehrmöglichkeit eine Ladung Konfetti in den Kragen bekomme.

Wo wir gerade bei Konfetti sind: Man glaubt es kaum, aber diese Papierstückchen sind mit der Weihnachtsbaumnadel verwandt. Beide kann man nie restlos entfernen. Bei beiden findet man auch nach wahren Reinigungsorgien noch übrig gebliebene Exemplare. Immer. Und überall. Fastnacht, Fasching, Karneval. Egal wie sich dieser Irrsinn auch nennt. Er und ich werden keine Freunde. Neben einigen verschwendeten Stunden weist meine Bilanz Folgendes aus: Ein massives Loch im Geldbeutel, viele kleine Löcher in meinem Esstisch, rosafarbene Ohrenwärmer und ein Konfetti-Stückchen, das ich nur noch suchen muss. Nie wieder! Das steht fest! Auf keinen Fall. Ganz sicher! Ich bin nur nicht sicher, ob meine Freundin das auch so sieht.

Alles hat seine guten Seiten

Wenn man sich im Internet bewegt, stößt man unentwegt auf die Frage nach dem eigenen Motto. Ich bin Optimist und trage deshalb in der Regel den Spruch ein, den ich hier auch als Überschrift gewählt habe. Und dann habe ich versucht, getreu diesem Motto zu leben, was im Großen und Ganzen auch recht gut geklappt hat. Dennoch fällt es einem unter Umständen recht schwer, die gute Seite einer Situation zu erkennen. Zum Beispiel, wenn sich die Ehefrau nach 18 Jahren Beziehung entscheidet, künftig mit einem anderen Mann zusammen zu sein. Es hat ein paar Wochen gedauert, aber mein Leitspruch hat sich doch wieder bewahrheitet. Alles hat seine guten Seiten. Alles.

In vorliegendem Falle sind es zunächst Kleinigkeiten, die einem ins Auge stechen. Aber man sagt ja, Kleinvieh macht auch Mist. Im übertragenen Sinne ist es aber sogar weniger Mist. Nachdem ich die Dinge meiner Frau aus dem Bad entfernt habe, meine ich dort manchmal ein Echo zu vernehmen, wenn ich beim Duschen singe. Ähnliches gibt es auch vom Kleiderschrank im Schlafzimmer zu berichten. Den habe ich jetzt vor die Türe geschoben, eine zusätzliche Tür in die Rückwand eingebaut und nun den hinteren Teil des Schranks an einen Studenten untervermietet.

Die Telekom hat ihr Mitgefühl in einem persönlichen Brief bekundet und angeboten, sich an den Kosten einer Eheberatung zu beteiligen. Ich bin mir nicht sicher, aber es könnte damit zusammenhängen, dass unsere Telefonrechnung seit der Trennung quasi implodiert ist. Gut dass mein Sohn hin und wieder Telefonlotto spielt. Die Kosten für die Japan- oder Kanadatelefonate, die er dabei führt, werden die Telekom hoffentlich davon abbringen, uns den Konzernpsychologen vorbeizuschicken. Dem schwedischen Möbelhaus kann ich allerdings nicht helfen. Es wird deutliche Umsatzeinbußen im Bereich Teelichte und Servietten erleiden.

Mit der Zeit erkennt man dann aber auch bedeutendere Aspekte der so plötzlich veränderten Lebenssituation. Viele Frauen glauben ja, Männer drückten sich vor allem deshalb vor Haushaltstätigkeiten wie Wäsche aufhängen oder Spülmaschine einräumen, weil wir das mit der Emanzipation noch nicht mitbekommen haben und dies als offensichtliche Frauenarbeit ansähen. Weit gefehlt, das Gegenteil ist der Fall. Speziell die angesprochenen Beispiele sind klare Männeraufgaben, weil es gilt die Wäsche möglichst platzsparend auf dem Wäscheständer unterzubringen und dabei weder die Trockenzeit zu verlängern noch die Effektivität beim Abnehmen der Wäsche zu gefährden. Ähnliches gilt auch für die Spülmaschine. Nach dem Auszug der Frau kann Mann sich nun in diesem Bereich voll ausleben ohne von fadenscheinigen Argumenten (die man um des lieben Friedens willen auch noch akzeptieren muss) in seiner Entfaltung gebremst zu werden. Und da Mann das Bad fortan sowieso selbst putzen muss, kann man endlich auch wieder im Stehen pinkeln. Freihändig!

Und trotz der neuen und teilweise ungewohnten Aufgaben wird das Leben auch an manch einer Stelle deutlich einfacher. Beispielsweise die Versorgung von Kindern mit Nahrungsmitteln. War es bisher zwingend notwendig grundsätzlich eine gut sortierte Wurstplatte im Kühlschrank zu haben, kann man sich nun auf das Wesentliche beschränken. Der Nachwuchs will nur Salami essen und keine Lyoner? Ok, dann kaufe ich nur Salami. das gleiche gilt für die unzähligen Sorten von Käse. Und plötzlich ist es auch nicht mehr nötig 100%igen Apfelsaft zu kaufen, der dann aber zwangsweise mit Wasser verdünnt werden muss. Ab sofort reicht auch Apfelsaftgetränk mit einem Fruchtanteil von 50%.

Als ich kürzlich zum Schrank ging, um etwas herauszuholen, warf sich mein Sohn dazwischen und verhinderte unter lautem Geschrei, dass ich die Schranktür öffnete. Nachdem ich ihn wieder beruhigt hatte, erklärte ich ihm, dass es ab sofort gefahrlos möglich war, ohne Schutzhelm den Schrank zu öffnen. Dort standen nämlich nicht mehr Unmengen überflüssiger Plastikbehälter, die grundsätzlich nie stabil zu stapeln waren.

Leider gehöre ich nicht zu der Sorte Männer, die ihren Frauen immer erklären, dass das mit dem Haushalt doch gar kein Problem sei, wenn man sich nur richtig organisiert und planmäßig vorgeht. Leider deshalb, weil ich mich somit um den Genuss gebracht sehe, dass ich doch recht habe. Der Plan war recht schnell ausgearbeitet, jetzt muss ich nur noch kleine Optimierungen vornehmen. Zum Beispiel, wie ich die Verschmutzungsfrequenz an meinen Plan anpasse. Aber das sind natürlich keine schwerwiegenden Probleme. Den Sohn am Verlassen seines Zimmers zu hindern ist da schon schwieriger. Aber notwendig, habe ich ihn doch nach eingehender Analyse als Hauptverdächtigen in Sachen Unordnung im Visier.

Sensationell ist auch das Gefühl, das Schnurlostelefon sofort zu finden, wenn es klingelt. Es liegt weder in der Bügelwäsche, noch in der Küchenschublade und schon gar nicht auf dem Balkon. Sondern da, wo es hingehört. Auf dem Ladegerät. Und gleich daneben der Stift und der Notizblock. Erstaunlich, wie einfach das Leben ist, wenn man einfach eine Nummer aufschreiben kann ohne irgendwo in den Weiten der Wohnung einen Stift und ein Blatt Papier suchen zu müssen. Und im wahrsten Sinne des Wortes leichter wird das Leben auch durch ein kleines Schildchen auf dem Briefkasten. Der Hinweis "Keine Werbung" reduziert unser Altpapieraufkommen dramatisch. Bisher konnte ich die Lebensmittel doch auch kaufen ohne einen Katalog von Sonderangeboten zu durchforsten.

Die Trennung kann sogar dazu führen, dass man sich ein neues, hochvergnügliches Hobby zulegt. Das Stöbern durch Online-Partnerbörsen zum Beispiel. Wer den Schritt wagt und in diese andersartige Welt abtaucht, erlebt Unvorstellbares. Partnerbörsen im Internet haben den Vorteil, dass Suchende auf andere Suchende treffen und durch Fotos und Profilangaben eine gewisse Vorauswahl möglich ist. Der Neuling merkt dabei recht schnell, dass Fotos ein wichtiger Bestandteil der Sache sind. Wer sich auf Nicknames wie SüßeMaus70 oder Angaben wie "ein paar kg zu viel" verlässt, investiert unter Umständen viel Zeit in einen Koloss der nun so gar nicht zu den eigenen Wünschen passen mag. Was ich in diesem Zusammenhang überhaupt nicht verstehe, warum sich so viele Frauen vor den Spiegel stellen um sich mit der Digitalkamera zu fotografieren. Das Ding kann man doch auch umdrehen!?

Interessant ist auch, zu welchen Hinweisen sich Frauen genötigt sehen, nachdem sie eine Zeit lang auf der Suche waren. Kein ONS kein TS und kein CS und meine Unterwäsche möchte ich auch behalten. Alles klar? Offensichtlich glauben einige meiner Geschlechtsgenossen, in solchen Börsen kostenlos das zu bekommen, wofür sie bisher auf einschlägigen Sites bezahlt haben. Aber auch das hat seine guten Seiten. Auf diese Weise genervte Frauen honorieren es viel eher, wenn man sie vernünftig anspricht. Dies geschieht übrigens über eine Chatfunktion oder eine E-Mail-ähnliche Nachrichtenübermittlung innerhalb des Portals. Und dabei erlernt der ungeübte Mann gleich noch eine Fähigkeit, die man bei Frauen als Naturbegabung voraussetzt. Multitasking.

Da Liebe auf den ersten Klick eher unwahrscheinlich ist, muss man sich natürlich mit mehreren Kontakten parallel befassen, um nicht zu viel Zeit zu verschwenden. Und dann kommt es schon mal vor, dass man mit zwei Frauen gleichzeitig chatten muss, weil man aus taktischen Gründen keiner der Damen einen Korb geben möchte. Also öffnet man eben ein zweites Chatfenster. Ab sofort gilt es dann aber zwei Gesprächsfäden zu folgen, seinen Stil in sekundenschnelle von "Mann mit Niveau" auf "Macho mit weichem Kern" zu wechseln und vor allem Antworten auf gestellte Fragen im richtigen Fenster zu tippen. DAS ist echtes Multitasking!

Nun mag es übertrieben scheinen, wegen solcher wundervollen Veränderungen immer gleich die Beziehung zu beenden, aber für den Fall der Fälle ist es gut zu wissen, dass wirklich alles seine guten Seiten hat.

Praxis Dr. chmul

Wie im Vorwort bereits erwähnt, ist irgendwann einmal die Figur des Dr. chmul entstanden. Es ist nicht klar, was dieses "Dr." bedeutet. Es ist auch nicht klar, warum diese Figur Besuch empfängt und Gespräche führt und es ist höchst verwunderlich, dass sie immer wieder Opfer findet, die sich in diese Praxis verirren. Das erste Gespräch, das wir nachfolgend belauschen, führte Dr. chmul mit einem Mann, der sich im Internet Alter Knacker, oder kurz AK nennt. Damals ging er im echten Leben auf die 50 zu und ist lediglich rund 10 Jahre älter als ich und Dr. chmul. Das [SNC], das im einen oder anderen Gesprächsprotokoll auftaucht, steht für Supernature-Clan und ist der Name einer Spielgemeinschaft.

Dr. chmul vs. AK

Lassen sie mich durch, ich bin Arzt!

Dr.chmul: Der Nächste bitte!

[SNC]AlterKnacker: Moment noch!

Dr.chmul: Ein bisschen schneller, ich habe nicht den ganzen Tag Zeit.

[SNC]AlterKnacker: Ich musste doch nur noch ...

Dr.chmul: Oh, Entschuldigung!

[SNC]AlterKnacker: ... den ... Entschuldigung? Weswegen?

Dr.chmul: Ich hab's nicht gleich gesehen.

[SNC]AlterKnacker: Was gesehen?

Dr.chmul: Nun, na ja, dass sie ... hm ... alt sind.

[SNC]AlterKnacker: Bitte? Ich musste mir nur den Schuh zubinden.

Dr.chmul: Ja, klar, der Schuh ... Wie kann ich ihnen helfen?

[SNC]AlterKnacker: Ich will ...

Dr.chmul: ... die Rente beantragen? Tut mir leid, da haben sie sich in der Tür geirrt.

[SNC]AlterKnacker: Nein, es geht um ...

Dr.chmul: ... Fragen zur Altersteilzeit? Nee, auch falsche Tür.

[SNC]AlterKnacker: Quatsch, ich bin ...

Dr.chmul: ... vergesslich geworden. Deshalb die falsche Tür, nicht wahr?

[SNC]AlterKnacker: *Argh* Nein! Warum bin ich ausgerechnet hier her gekommen?

Dr.chmul: Sehen sie, doch Altersdemenz ...

[SNC]AlterKnacker: Wie bitte?

Dr.chmul: ICH SAGTE ALTERSDEMENZ. UND DIE OHREN MACHEN AUCH NICHT MEHR SO MIT, HM?

[SNC]AlterKnacker: Ich ... habe ... kein ... Problem ... mit ... meinem ... Alter. Auch kein körperliches!

Dr.chmul: Was wollen sie dann ausgerechnet bei mir?

[SNC]AlterKnacker: Sie sind doch Psychiater!

Dr.chmul: Tja, *das* behaupten viele!

[SNC]AlterKnacker: Und?

Dr.chmul: Was und?

[SNC]AlterKnacker: Sind sie's?

Dr.chmul: Natürlich bin *ich* es, wen hatten sie denn sonst erwartet?

[SNC]AlterKnacker: Nein, ich meine sind sie Psychiater?

Dr.chmul: Und wenn dem so wäre?

[SNC]AlterKnacker: Dann würde ich dafür sorgen, dass sie Ihre Zulassung verlieren!

Dr.chmul: Geht nicht, ich bin Beamter!

[SNC]AlterKnacker: Ach? Beamter?

Dr.chmul: Ja, sicher!

[SNC]AlterKnacker: Das trifft sich ja gut!

Dr.chmul: Ach?

[SNC]AlterKnacker: Ja, sicher! Ich hätte da nämlich eine Frage ...

Dr.chmul: Oh, oh!

[SNC]AlterKnacker: ... zur Altersteilzeit mit vorzeitigem Rentenbezug ...

Dr.chmul: Äähhh

[SNC]AlterKnacker: ... bei Ausübung eines Nebenjobs ...

Dr.chmul: *räusper*

[SNC]AlterKnacker: ... unterhalb der Geringfügigkeitsgrenze!

Dr.chmul: Wie war doch gleich ihr Name?

[SNC]AlterKnacker: Knacker, Alter Knacker!

Dr.chmul: Tut mir leid, doch falsche Tür, ich bin nur für die Buchstaben A-J zuständig!

[SNC]AlterKnacker: Argh!

Lassen sie mich durch, ich bin Arzt!

Tja, so kann's gehen. Es gibt Berichte, dass sich AK recht schnell wieder von den Folgen dieser Sitzung erholt hat, es besteht also kein Anlass zur Sorge.

Das nächste Protokoll stammt von einem Gespräch mit Astrominus. Er ist ebenfalls etwa in meinem Alter und unter anderem Chefredakteur einer kleinen Online-Zeitung namens SNN (Supernature News), bei der meine Texte auch erscheinen. Astrominus ist im echten Leben etwas kleiner als Durchschnitt. Das klingt aus meinem Munde etwas fragwürdig, gehöre ich doch selbst nicht zu den Großen, aber er ist, nun, sagen wir einmal ääh klein. Nicht so klein, wie er online gemacht wird. Aber klein genug für den einen oder anderen Schabernack. Sein lichtes Haar bietet hierzu ebenfalls einen guten Ansatzpunkt. Eine kleine, nur Insidern bekannte, Anekdote von der Boardparty in Hamburg rundet die Bürde ab, die Astrominus tragen muss.

Dr. chmul vs. Astrominus

Lassen sie mich durch, ich bin Arzt!

Dr.chmul: Der Nächste bitte!

Astrominus: Hallo Doktor!

Dr.chmul: Hal...? Sehr witzig, vielleicht kommen sie erst mal rein!

Astrominus: Ich bin drin!

Dr.chmul: Wer interessiert sich denn für ihren Provider?

Astrominus: Nein, ich meine, ich habe den Raum schon betreten.

Dr.chmul: Aha, dann sind sie wohl "Der Unsichtbare"?

Astrominus: Wieso?

Dr.chmul: Weil ich sie doch sehen müsste, wenn sie hier im Zimmer und gleichzeitig sichtbar wären.

Astrominus: So besser?

Dr.chmul: Wesentlich besser, aber sie müssen nicht auf dem Stuhl stehen bleiben. Setzen sie sich doch!

Astrominus: *Grmpf*

Dr.chmul: Jetzt wo ich sie gefunden habe. Was kann ich für Sie tun?

Astrominus: Ich habe ein Problem!

Dr.chmul: Nun, das ist ja offensichtlich.

Astrominus: Es hat nicht mit meiner Körpergröße zu tun!!!

Dr.chmul: Nein, natürlich nicht. Das ginge ja *haarscharf* am eigentlichen Thema vorbei, nicht wahr?

Astrominus: Ich verstehe nicht!?

Dr.chmul: Vergessen sie's! Kennen sie den? Läuft eine Gruppe von Leuten über die Reeperbahn...

Astrominus: Oh mann, diese Geschichte hat nun auch schon so einen Bart.

Dr.chmul: Könnte sich ihr Haupthaar ein Beispiel dran nehmen, was?

Astrominus: *Argh* Wollen sie mir nun helfen oder nicht?

Dr.chmul: Ich kann nicht!

Astrominus: Wieso nicht? Sie sind doch Arzt!

Dr.chmul: Das ist eine schamlose Verleugnung!

Astrominus: Äh?! Egal! Warum können sie mir nicht helfen.

Dr.chmul: Weil sie mir nicht sagen wollen, wo ihr Problem liegt.

Astrominus: Dann sollten sie mir einfach mal aufmerksam zuhören!

Dr.chmul: Also schießen sie los!

Astrominus: Ok, das Problem liegt....

Dr.chmul: Wo wir gerade beim Schießen sind. Spielen sie überhaupt UT?

Astrominus: Ich hab' mal, früher....

Dr.chmul: Pff, und da erwarten sie, dass ich ihnen zuhöre?

Astrominus: ... außerdem kenne ich t_matze und der kennt einen der noch spielt.

Dr.chmul: Na gut, das können wir gelten lassen. Wo waren wir?

Astrominus: Bei meinem Problem.

Dr.chmul: Nein, waren wir nicht! Sie schweifen immer ab, bevor sie zum Punkt kommen.

Astrominus: *Ich* schweife ab?

Dr.chmul: Sehen sie? Schon wieder!

Astrominus: Also gut, jetzt aber: Ich glaube ich habe ein zu gutes Herz, meine Untergebenen in der SNN-Redaktion haben zu viel Freiheiten.

Dr.chmul: Das ist alles?

Astrominus: Reicht das nicht?

Dr.chmul: Doch, doch, ich dachte nur es sei etwas Schwerwiegendes...

Astrominus: Dann können Sie mir helfen?

Dr.chmul: Nein.

Astrominus: Warum nicht?

Dr.chmul: Die Zeit ist um, ich muss weg!

Lassen sie mich durch, ich bin Arzt!

Ja, das mit der Zeit ist immer so eine Sache. Alles muss schnell gehen, es bleibt kaum mal ein Augenblick zum Verschnaufen. Das führt leider immer häufiger dazu, dass man seine Mitmenschen aus dem Auge verliert. Oder sie nur noch als Konkurrenten oder Störenfriede betrachtet. Glücklicherweise gibt es auch Menschen, die das Leben positiv sehen und ihre Mitmenschen annehmen wie sie sind. Sie verbreiten eine positive Stimmung und sind einfach nett zu allen. Immer. Penetrant. t_matze ist so ein Mensch. Und zwar im Forum genau so wie im echten Leben. Immer freundlich, immer nett, immer hilfsbereit. Was will so einer nur bei Dr. chmul

Dr. chmul vs. t-matze

Lassen sie mich durch ich bin Arzt!

Dr.chmul : Der Nächste bitte!

t-matze : Hallo Doktor chmul, wie geht's ihnen?

Dr.chmul : Oh, ääh, danke gut. Und selbst?

t-matze : Ich kann nicht klagen!

Dr.chmul : Ich bin ja auch keine Mauer!

t-matze : Wie bitte?

Dr.chmul : Vergessen sie's! Spielen Sie UT?

t-matze : UT? Nein, derzeit habe ich keine Zeit dafür!

Dr.chmul : Kennen sie meinen User-Titel?

t-matze : Selbstverständlich!

Dr.chmul : Und? Was steht da?

t-matze : UT-Boardpsychiater

Dr.chmul : Na also! Kein UT, keine Behandlung!

t-matze : Aber ich kenne jemanden der UT spielt.

Dr.chmul : Na und?

t-matze : Und ich bin privat versichert!

Dr.chmul : Was kann ich für sie tun?

t-matze : Das sagte ich bereits, ich kann nicht klagen!

Dr.chmul : Wenn es ihnen doch gut geht, was wollen sie dann bei mir?

t-matze : Sie verstehen mich nicht!

Dr.chmul : Ja, ja, keiner versteht sie, Sie sind der Ärmste! Hier haben sie ein Taschentuch, Weichei!

t-matze : Danke. Nein, ich kann nicht *klagen*. Ich bin so positiv eingestellt. Ich finde das Leben schön.

Dr.chmul : Das klingt wirklich übel!

t-matze : Ich würde es nicht als ernst einstufen, aber es ist immerhin Anlass genug zu hinterfragen, ob ich anders bin.

Dr.chmul : Anders? Wie meinen sie das?

t-matze : Sollten sie dieser Frage nicht besser beantworten können? Sie sind doch der Arzt.

Dr.chmul : Wer setzt denn solche Gerüchte in die Welt?

t-matze : Das kann ich ihnen nicht sagen.

Dr.chmul : *Mir* können sie's sagen, ich bin Arzt!

t_matze: Also, doch! Um aber wieder auf den Grund meines Besuches zurück zu kommen: Ich fühle mich ein wenig einsam, weil überall so negative Stimmung verbreitet wird.

Dr.chmul : Dann machen sie doch einfach mit.

t-matze : Wie ich schon sagte, ich kann nicht klagen.

Dr.chmul : Können sie nicht!

t-matze : Kann ich nicht!

Dr.chmul : Und wenn das Essen scheiße schmeckt?

t-matze : Bin ich froh überhaupt etwas zu Essen zu haben.

Dr.chmul : Und wenn das Auto kaputt geht?

t-matze : Freue ich mich, mal wieder mit dem Rad unterwegs zu sein.

Dr.chmul : Und wenn's dann regnet?

t-matze : Freue ich mich mit den Pflanzen darüber.

Dr.chmul : Schlechtes Fernsehprogramm?

t-matze : Gutes Buch!

Dr.chmul : Zoff zu Hause?

t-matze : Vorfreude auf die Versöhnung

Dr.chmul : Das klingt alles nicht sehr vielversprechend. Sie sind penetrant freundlich, chronisch gut gelaunt und ein pathologischer Optimist.

t-matze : Und das bedeutet?

Dr.chmul : Sie sind hochgradig gestört!

t-matze : Das ist nicht so schön, aber ich denke auch da gibt es einen positiven Aspekt.

Dr.chmul : *argh* Jetzt zu den Heilungschancen: Angenommen ich stünde nun auf und sagte "Ich muss weg"?

t-matze : Dann sähe ich mich vermutlich gezwungen ...

Dr.chmul : Ja?

t-matze : ... ihr armseliges Büro kurz und klein zu schlagen und ihnen Ihre miese Fresse zu polieren!

Dr.chmul : Das ist gut! Ich denke ihr Problem ist behandelbar. Kommen Sie einfach regelmäßig zu mir. Dann kitzeln wir ihre dunkle Seite noch ein wenig heraus.

t-matze : Das sind ja wunderbare Neuigkeiten. Bis bald, Herr Doktor. Und einen schönen Tag noch.

Dr.chmul : Ja, du mich auch! Hau bloß ab!

Lassen sie mich in Ruhe, ich bin Arzt!

Nun gibt es im Forum natürlich nicht nur einen Dr. chmul, sondern auch mein Alter Ego, mein zweites Ich und das heißt einfach nur chmul. Als solcher habe ich einen kleinen Scherz wiedergegeben, den der Referent eines von mir besuchten Seminars verwendet hatte, um Gefahren im Chinageschäft zu veranschaulichen. Es ging um ein Huhn, das einem Schwein ein Joint Venture anbietet. Auf die Frage des Schweins, was den verkauft werden solle, meinte das Huhn: Rührei mit Speck. Ein nette kleine Pointe. Mehr nicht. Trotzdem wurde das Thema heiß diskutiert und chmuls Bericht von verschiedenen Nutzern hinterfragt und interpretiert. Das ging nicht spurlos an ihm vorbei.

Dr. chmul vs. chmul

Lassen Sie mich durch, ich bin Arzt!

Dr. chmul: Der Nächste bitte!

chmul: Hallo Herr Doktor!

Dr. chmul: Ach, nennen sie mich doch einfach Doktor!

chmul: Ähh, ja!

Dr. chmul: Ich hatte ihnen keine Frage gestellt!

chmul: Das habe ich auch nicht behauptet.

Dr. chmul: Aber sie haben geantwortet!

chmul: Nein, hab' ich nich'!

Dr. chmul: Doch, sie haben "ja" gesagt.

chmul: Aber sie haben doch gar keine Frage gestellt.

Dr. chmul: Und?

chmul: Wie kann ich antworten, wenn sie nicht gefragt haben?

Dr. chmul: Stimmt. Das ist bedenklich, sie sollten einen Arzt aufsuchen!

chmul: Sie sind doch Arzt!

Dr. chmul: Ja, das wurde mir schon öfter unterstellt.

chmul: Doc, ich brauche Ihre Hilfe!

Dr. chmul: Ach was? Ich hatte mich schon gefragt, was sie hier wollen.

chmul: Ich will sie um Rat bitten.

Dr. chmul: Renn-, Mountain-, BMX- oder Trecking?

chmul: Rat, nicht Rad!

Dr. chmul: Das wusste ich! Wo liegt das Problem?

chmul: Das kann ich Ihnen eben nicht so genau sagen.

Dr. chmul: Mir können sie's sagen, ich bin Arzt!

chmul: Jetzt also doch!

Dr. chmul: Ja, haben sie doch behauptet.

chmul: Es geht um ...

Dr. chmul: China!

chmul: Bitte?

Dr. chmul: Ihr Urlaub dort. Soll ja ein totaler Flop gewesen sein.

chmul: Ich war nicht im Urlaub, sondern ...

Dr. chmul: ... auf einem Seminar in China. Angeblich unfassbar teuer!

chmul: Nein, ich war überhaupt nicht in China!

Dr. chmul: Und was haben sie da gemacht?

chmul: Hä?

Dr. chmul: Vergessen sie's. Sprechen wir über das Frühstück!

chmul: Frühstück?

Dr. chmul: Ja, Rührei mit Speck. Scheint ja eine ihrer Leidenschaften zu sein.

chmul: Wie kommen sie den darauf?

Dr. chmul: Na wegen China.

chmul: Argh. Es geht weder um Frühstück noch um China. Ich mache mir Sorgen wegen ...

Dr. chmul: ... der Experimente! Kann ich mir vorstellen!

chmul: Experimente? Welche Experimente?

Dr. chmul: Na, Vogelgrippe und Schweinepest. Man sagt Sie verfolgen da einen interessanten Ansatz.

chmul: Ich verfolge keine Experimente!

Dr. chmul: Wo wir gerade bei "verfolgen" sind: Wie lange leben sie eigentlich schon im Untergrund?

chmul: Wie meinen?

Dr. chmul: Na ja, ich meine, Kinderarbeit zu fördern ist ja nicht gerade ein Kavaliersdelikt.

chmul: Meine Kinder haben keine Vogelgrippe und in China isst man nicht nur Rührei!

Dr. chmul: Gut zu wissen, ich notiere mir das!

chmul: Ich habe das Gefühl, gemobbt zu werden!

Dr. chmul: Das ist doch eine angenehme Sache!

chmul: *grnf* Wie kommen Sie denn darauf?

Dr. chmul: Meine Dom...äähh...meine Bekannte nimmt immer eine Rute, aber ein Mob ist doch auch ok!

chmul: *röchel* Nein, nein! *Die* machen mich fertig!

Dr. chmul: Ach so *die*. Und ich etwa nicht?

chmul: *schäum* Doch, Doktor, sie auch, aber das ist ein anderes Problem.

Dr. chmul: Ja, wer sind denn *die*? Die gelben Engel?

chmul: NEIN! NEIN! Die Typen auf dem Board. Die Boardies *wimmer* Die Leute aus dem Forum! *flenn*

Dr. chmul: Ach so, sagen sie das doch gleich. Da müssen sie nur ein paar Antiboardika nehmen!

chmul: *hechel* Und wo bekomme ich die? Brauche ich ein Rezept? Was kostet das?

Dr. chmul: Das sind ja gleich drei Fragen auf einmal! Das geht aber nun wirklich nicht.

chmul: Gn, gn, gn, gn, gn, gn, gn, gn

Dr. chmul: Echt schon so spät? Ich muss weg!

chmul: Hilfe! So helft mir doch!

Lassen sie mich durch, ich bin Arzt!

Nun, dieses Gespräch war vermutlich schon im Ansatz zum Scheitern verurteilt. Es mag ja sein, dass manche Menschen die Lösung ihrer Probleme tief in ihrem Inneren finden. Bei chmul klappt das nicht. Und bei Dr. chmul erst recht nicht. Und getreu dem Spruch mit dem Apfel und dem Stamm, macht es meines Sohnes Alter Ego namens rahkshi Dr. chmul auch nicht gerade leicht, wie folgende Zeilen eindeutig belegen.

Dr. chmul vs. rahkshi

Lassen Sie mich durch, ich bin Arzt!

Dr.chmul: Der nächste bitte!

rahkshi: Moin Papa!

Dr.chmul: Für Dich immer noch Dr.chmul!

rahkshi: Yo man, wenn Du mich hier dissen willst, mach ich Dich mit meinen Rhymes nieder!

Dr.chmul: Hm? Ich dachte die erste Fremdsprache in Deiner Schule sei Englisch.

rahkshi: Menno, das ist echt Gangsta!

Dr.chmul: Gängstaa! So wie in Gangster also Verbrecher? Wieso willst Du wie ein Verbrecher reden?

rahkshi: Nein, Gängsta, Rap, Hip Hop, cool eben...

Dr.chmul: Hip Hop kenne ich, in meiner Kindheit fand ich das toll: Hippe Hoppe Reiter, wenn er fällt ...

rahkshi: PAPA!

Dr.chmul: Ok ok, lassen wir das. Was führt Dich zu mir?

rahkshi: Fastnacht.

Dr.chmul: Und die vermutest Du bei mir?

rahkshi: Nein, es geht um die Fastnacht.

Dr.chmul: Übel, übel. Ein schlimmes Virus, das die Infizierten zu schwachsinnig lachenden Idioten macht.

rahkshi: Nein, es geht um die Verkleidung.

Dr.chmul: Sieht das hier aus wie ein Kostümverleih? Verkleiden ist Firlefanz!

rahkshi: Wieso? Du hast doch auch 'ne Maske auf!

Dr.chmul: Wie bitte??

rahkshi: Kleiner Scherz, wir dürfen verkleidet in die Schule kommen.

Dr.chmul: Wenn ich mir Deine Hosen so anschaue, bist Du schon verkleidet!

rahkshi: Papa, das muss so sein, das ist echt Gang...Ach, vergiss es! Ich will mich richtig verkleiden.

Dr.chmul: Oh fein, wie wär's mit Harlekin oder Löwe oder Matrose oder ...

rahkshi: Papa?

Dr.chmul: ... Astronaut, Zorro, Cowboy, Indianer oder vielleicht ...

rahkshi: Nimm Deine Tabletten!

Dr.chmul: ... doch Prinzessin?

rahkshi: Ich will Punker sein!

Dr.chmul: Sorry, kein Kleingeld!

rahkshi: Hä?

Dr.chmul: Egal. Also Punker. Hast Du da schon etwas vorbereitet?

rahkshi: Klar, ich hab' hier diese tollen fetten Goldkettchen und dann kann ich mir noch die Haare nach hinten stylen.

Dr.chmul: Das ist kein Punker! Hier hast Du eine zerrissene Hose, ein hässliches T-Shirt, ein paar Sicherheitsnadeln.

rahkshi: Wow, das sieht ja schon echt cool aus.

Dr.chmul: Nein, nicht cool. Schäbig, versifft.

rahkshi: Yo man, peace, man, peace!

Dr.chmul: Nein, no future! Und jetzt noch das eingekreiste A auf den Rücken. Das steht übrigens für Anarchie!

rahkshi: He Papa, son Schweinkram will ich nicht auf dem T-Shirt haben!

Dr.chmul: *Grmpf* Weiter, den Kamm aufgestellt, ein bisschen Farbe hier und da. Perfekt!

rahkshi: Boah Papa, klasse. Ab sofort bin ich der einzig Coole auf diese blöden Schule. Respect.

Dr.chmul: Punker hören keinen Crap!

rahkshi: Rap!

Dr.chmul: Den auch nicht!

rahkshi: Ich weiß, die hören Rammstein!

Dr.chmul: Nein, die hören Punk! Rebellion, Aggression, Resignation...

rahkshi: Ich will aber keine -ion-Musik hören.

Dr.chmul: Sei artig und tu was ich Dir sage, Du willst schließlich Punker sein!

rahkshi: Und wenn mir Punk-Musik gar nicht gefällt?

Dr.chmul: Dann weinst Du eben, ziehst Dir ein Röckchen an und gehst doch als Prinzessin.

rahkshi: Ok, ok, noch was?

Dr.chmul: Nicht schwingend gehen, sondern schlurfend. Und dann natürlich Desinteresse zeigen.

rahkshi: Das kann ich, das habe ich während des gesamten Schuljahrs schon geübt!

Dr.chmul: Argh, ich habe Schmerzen...

rahkshi: Hilfe, mein Vater hat Schmerzen, ist ein zufällig ein Arzt anwesend?

Dr.chmul: Ich bin Arzt!

rahkshi: Das meinst Du doch nicht ernst!

Dr.chmul: Natürlich meine ich das. Und nenn' mich nicht Ernst!

rahkshi: Gähn, der ist soo alt.

Dr.chmul: Das ist AK auch, na und?

rahkshi: Ich geh jetzt in die Schule und wenn ich in's Klassenzimmer komme, dann singe ich...

Dr.chmul: Hier kommt Alex, von den Hosen! Genau!

rahkshi: Ich heiße so Alex wie Du Ernst! Nein, ich singe ...

Dr.chmul: Etwas von den Pistols?

rahkshi: In der Schule sind Waffen verboten und jetzt lass mich mal ausreden!

Dr.chmul: Ok, ok, was wirst Du singen, wenn Du ins Klassenzimmer kommst?

rahkshi: Weißt Du wie viel Sternlein stehen...

Dr.chmul: *Fumpp*

rahkshi: Papa? Papa, hörst Du mich?

Lassen Sie mich durch, Dr.chmul braucht einen Arzt!

Man hat's nicht immer leicht mit den Kleinen. Aber es ist vermutlich ein Zeichen der Zeit. Irgendwie flippen alle immer mehr aus. Die einen so, die anderen so. San ist ein gutes Beispiel dafür. San ist im echten Leben ein freundlicher Mensch, der gerne mit anpackt und immer für einen Scherz zu haben ist. Auch wenn er UT spielt ist das so. Nur manchmal geht sein Ego mit ihm durch und er spricht auf dem Server davon, die Welt zu beherrschen und das Universum zu unterjochen. Das wurde allerdings immer schlimmer und irgendwann glaubte er selbst daran, das schaffen zu können. In einem lichten Moment konnten ihn seine Kollegen davon überzeugen, ärztlichen Rat einzuholen.

Dr. chmul vs. San

Lassen sie mich durch, in bin Arzt!

[SNC]San: Hallo Herr Doktor, ich habe da ein Problem.

Dr. chmul: Ja, ja, wer hat das nicht?

[SNC]San: Ähh, keine Ahnung.

Dr. chmul: Sehen sie?

[SNC]San: Was soll ich sehen?

Dr. chmul: Zum Beispiel diese Tintenkleckse.

[SNC]San: Ich sehe nichts.

Dr. chmul: Dann gehen sie zum Augenarzt.

[SNC]San: Vielleicht sollten sie mir die Tintenkleckse erst einmal zeigen?

Dr. chmul: Wollen sie mir vorschreiben, wie ich meine Arbeit zu machen habe?

[SNC]San: Nein, aber ...

Dr. chmul: Na also, dann können wir weitermachen. Was sehen sie z.Bsp. hier?

[SNC]San: Eine Krone, einen Thron, ein Zepter, einen wunderschönen roten Mantel, ein ...

Dr. chmul: Oh, entschuldigung, ich habe ihnen versehentlich ein leeres Blatt gegeben.

[SNC]San: Das macht nix, ich habe viel Phantasie.

Dr. chmul: AAHA!

[SNC]San: Was "aaha"?

Dr. chmul: Keine Ahnung, passte gerade so gut!

[SNC]San. Ähh, ok? Können sie mir nun helfen?

Dr. chmul: Wobei?

[SNC]San: Aarrgh! Bei meinem Problem!

Dr. chmul: Was für ein Problem haben sie denn?

[SNC]San: Sagen sie's mir, sie sind der Arzt.

Dr. chmul: Sie machen einen ganz normalen Eindruck!

[SNC]San: Bin ich auch. Nur manchmal ...

Dr. chmul: Nur manchmal ...

[SNC]San: Nur manchmal habe ich solche Gefühle ...

Dr. chmul: Ich bin bereits vergeben!

[SNC]San: Die Gefühle haben nicht mit ihnen zu tun!

Dr. chmul: Finden sie mich nicht attraktiv?

[SNC]San: Wie? Äähh, nein, doch, ähh, das hat doch gar nichts mit meinem Problem zu tun.

Dr. chmul: Ich sehe es durchaus als Problem, wenn sie nicht über Ihre Gefühle sprechen können..

[SNC]San: Nein, bitte, ich habe manchmal das Gefühl, dass in mir etwas brodelt.

Dr. chmul: Solange es nicht überkocht ...

[SNC]San: Das ist es ja gerade.

Dr. chmul: Was machen sie denn so?

[SNC]San: UT spielen

Dr. chmul: Ach so, dann sind sie wohl einer dieser Spieler deren Skill erbärmlich schlecht ist und ...

[SNC]San: Sagen sie das nicht!

Dr. chmul: ... und weil Sie keine Chancen gegen ihre Spielkameraden haben ...

[SNC]San: Sie sollten nicht so mit mir sprechen!

Dr. chmul: ... und eine Map nach der anderen verlieren ...

[SNC]San: Nein, bitte nicht, sie sollten vorsichtig sein!

Dr. chmul: ... und verhöhnt werden ...

[SNC]San: Ich habe dich gewarnt ...

Dr. chmul: ... kompensieren sie dieses Defizit mit übersteigerter Selbstwahrnehmung, besser bekannt als ...

[SNC]San: KNIE NIEDER DU WICHT!

Dr. chmul: Größenwahn

[SNC]San: NEIGE DEIN HAUPT, SENKE DEINEN BLICK, UNWÜRDIGER!

Dr. chmul: Das dürfte mir bei Ihrer Größe nicht schwer fallen!

[SNC]San: ICH UNTERWERFE DIE WELT UND DAS UNIVERSUM!

Dr. chmul: Interessant, an welchen Zeitraum hatten sie da gedacht?

[SNC]San: Doktor, helfen sie mir, DU WURM DU! Was ICH WERDE kann DICH ZERTRETEN ich dagegen tun?

Dr. chmul: Da habe ich ein Medikament für sie!

[SNC]San: Ein Medikament? WIE EINE Was ist es? WANZE!

Dr. chmul: Eine Medizin, etwas was ihnen helfen wird!

[SNC]San: Nein, DU NICHTS ich meine welches Medikament DU NULL ist es?

Dr. chmul: Tut mir leid, die Zeit ist um. Ich muss weg.

Lassen sie mich durch, ich bin Arzt!

[SNC]San: UND KEINER KANN SICH MIR WIDERSETZEN!

[SNC]San: Ach, halt jetzt endlich die Fresse

[SNC]San: MENNO!

Erschütternd! Aber so ist das Leben eben. Was nach außen hin wie ein ganz normaler Kerl aussieht ist in Wahrheit ein Größenwahnsinniger. Leider (oder glücklicherweise?) sieht man es unseren Mitmenschen nicht an, welche furchtbaren Geheimnisse sie hinter einem netten Gesicht verbergen. Welch tiefe Abgründe sich im Wesen einer sonst als liebenswürdig und sympathisch eingestuften Person auftun können, zeigt das folgende Gesprächsprotokoll. SoKoBaN spielt auch UT. Und er kümmert sich aufopferungsvoll um den Server, den wir dazu benötigen. Unermüdlich kämpft er um dessen Optimierung, damit wir von Verbindungsabrissen und zeitlichen Verzögerungen während des Spiels verschont bleiben. Leider wird er dennoch immer wieder kritisiert, wenn es nicht läuft. Das nagt an ihm.

Dr. chmul vs. SoKoBaN

Lassen sie mich durch, ich bin Arzt!

Dr. chmul: So, der Nächste bitte...

[SNC]SoKoBaN: Guten Tag!

Dr. chmul: Naja, schau' mer mal...

[SNC]SoKoBaN: Bitte?

Dr. chmul: Ich sagte: ich freue mich, dass sie zu mir gekommen sind!

[SNC]SoKoBaN: Ach, ehrlich?

Dr. chmul: Natürlich! Was könnte man sich an einem warmen, sonnigen Frühlingstag Tolleres vorstellen, als eingebildete Kranke zu behandeln?

[SNC]SoKoBaN: Eis essen, sonnen, Cola schlürfen, das Leben gen...

Dr. chmul: ES REICHT! Was führt sie zu mir?

[SNC]SoKoBaN: Dieser Ausdruck meines Routenplaners!

Dr. chmul: Nein, ich meine, warum sie mich aufsuchen?

[SNC]SoKoBaN: Ach so! Debian!

Dr. chmul: Selber Blödian!

[SNC]SoKoBaN: Hey, sie brauchen doch nicht gleich beleidigend zu werden!

Dr. chmul: Sie haben angefangen!

[SNC]SoKoBaN: Nein, hab' ich nicht!

Dr. chmul: Doch haben sie!

[SNC]SoKoBaN: Nein!

Dr. chmul: Doch!

[SNC]SoKoBaN: Nein!

Dr. chmul: Nä Nänä Nä Näää!

[SNC]SoKoBaN: Bäh Bähbäh B...also jetzt hören sie aber auf!

Dr. chmul: Ok, dann sagen sie mir aber, warum sie hier sind

[SNC]SoKoBaN: Ich...ich habe das Gefühl, ich beschäftige mich zu viel mit Kernels.

Dr. chmul: Und das macht ihnen Sorgen?

[SNC]SoKoBaN: Natürlich!

Dr. chmul: Warum? Die Gesellschaft ist doch inzwischen sehr tolerant.

[SNC]SoKoBaN: Hä?

Dr. chmul: Heute regt sich kaum mehr jemand über Homosexuelle auf.

[SNC]SoKoBaN: Homosexuelle? Ich gebe mich mit Kernels ab, nicht mit Kerlen!!

Dr. chmul: Ach so, wollte mich schon über Ihren Sprachfehler lustig machen.

[SNC]SoKoBaN: Also?

Dr. chmul: Was also?

[SNC]SoKoBaN: Können sie mir helfen?

Dr. chmul: Nein!

[SNC]SoKoBaN: Warum nicht?

Dr. chmul: Ich habe keine Ahnung, wovon sie reden!

[SNC]SoKoBaN: Das passiert mir ständig!

Dr. chmul: Dann drücken sie sich klarer aus!

[SNC]SoKoBaN: Nein, die Leute verstehen das Thema nicht. Es geht um Linux, Sie wissen schon, der Pinguin!

Dr. chmul: Pinguin? Sehe ich aus wie ein Tierarzt?

[SNC]SoKoBaN: *Argh* Linux ist ein Betriebsystem, an dessen Kern man Optimierungen vornehmen kann!

Dr. chmul: Danke für die Info, aber ich möchte kein Informatiker werden. Ich bin Arzt!

[SNC]SoKoBaN: Dann helfen sie mir doch!

Dr. chmul: Lassen sie's einfach!

[SNC]SoKoBaN: Das geht nicht, jeder beschwert sich über Lags und Disconnects!

Dr. chmul: Verwenden sie doch Windows!

[SNC]SoKoBaN: Das hieße den Teufel mit dem Beelzebub austreiben!

Dr. chmul: Also doch ein Auge auf Jungs geworfen, was?

[SNC]SoKoBaN: WIE BITTE?

Dr. chmul: Naja, Beelzebub und austreiben. Das klingt schon ein wenig Richtung gleichgeschlechtlichen SM-Praktiken!

[SNC]SoKoBaN: Jetzt reicht's, sie haben ja wirklich gar keine Ahnung!

Dr. chmul: Dafür habe ich sehr umfassend keine Ahnung!

[SNC]SoKoBaN: Ok, zum letzte Mal, können sie mir helfen?

Dr. chmul: Natürlich, deshalb sind sie ja hier, nicht wahr!

[SNC]SoKoBaN: *grml* Dann sagen sie mir, was ich tun soll!

Dr. chmul: Versuchen sie es mit der ComAS-Distribution mit dem neuen Opti-Kernel von Nils Holgersson. Das ist ein Power-UNIX-Derivat, das kürzlich als 12er Beta auf den Markt kam und von der Open-Source-Gemeinde als ultimative Lösung im High-Profile-Bereich gefeiert wird.

[SNC]SoKoBaN: Das ist doch alles Schwachsinn!

Dr. chmul: Stimmt, klang aber echt professionell, oder?

[SNC]SoKoBaN: Holt mich hier raus, ich bin ein Patient!

Dr. chmul: Toller Spruch, sie sollten zum Fernsehen gehen. Wäre doppelt gut!

[SNC]SoKoBaN: Wieso?

Dr. chmul: Sie klopfen Sprüche und haben eh keine Ahnung von Linux!

[SNC]SoKoBaN: Ich *argh*, mein Herz, *hechel*, mir wird schwindlig

Dr. chmul: Tut mir leid, ich muss weg! Empfehlen sie mich weiter!

[SNC]SoKoBaN: *röchel*

Lassen sie mich durch, ich bin Arzt!

Bedauerlich, dass es so weit kommen musste. Aber wohl unvermeidbar. Schließlich wird der Spaß am Onlinespiel erheblich eingeschränkt, wenn die Daten nicht sauber hin und her wandern können. Ein Problem sind zum Beispiel so genannte Lags. Sie bewirken, dass ein Spieler seinen Gegner an einer bestimmten Stelle sieht, der Angriff aber ins Leere geht, weil der Gegenspieler gar nicht mehr dort ist, wo er angezeigt wird. Um das besser zu erklären, müsste ich SoKoBaN besser verstehen, aber das ist eben nicht so einfach. Schuld an seinem Zustand sind Leute wir Brummel. Er war auch mal in unserem Clan, legte sich immer mal wieder einen neuen Namen zu und hatte massive Probleme mit diesen Lags. Hin und wieder auch nur er alleine.

Dr. chmul vs. Brummel

Lassen sie mich durch, ich bin Arzt!

Dr. chmul: Guten Tag, was kann ich ... äh, sie sitzen auf meinem Platz!

[SNC]Little Indian: Nein

Dr. chmul: Wie nein?

[SNC]Little Indian: Welcher Teil meiner Antwort ist Ihnen unklar?

Dr. chmul: Äh, ich meine ...

[SNC]Little Indian: Sprechen sie sich ruhig aus.

Dr. chmul: Was fällt ihnen ...

[SNC]Little Indian: Legen sie sich doch erst mal hin.

Dr. chmul: Oh, äh danke, sehr freundlich, aber ...

[SNC]Little Indian: Was kann ich für sie tun?

Dr. chmul: Mooooment!

[SNC]Little Indian: Ja?

Dr. chmul: Wer sind sie überhaupt?

[SNC]Little Indian: Brummelchen

Dr. chmul: Also, Brummelchen, zunächst ...

[SNC]Little Indian: Brummel

Dr. chmul: Bitte?

[SNC]Little Indian: Nennen sie mich Brummel!

Dr. chmul: Also gut dann eben Brummel, sie ...

[SNC]Little Indian: Little Indian!

Dr. chmul: Wie, Little Indian?

[SNC]Little Indian: Nennen sie mich Little Indian!

Dr. chmul: Chapernack, wie heißen sie denn nun?

[SNC]Little Indian: Das geht sie gar nix an!

Dr. chmul: Schwamm drüber, wir werden jetzt die Plätze tauschen.

[SNC]Little Indian: Wieso?

Dr. chmul: Ich kenne zwar nicht ihren Namen ...

[SNC]Little Indian: Aber?

Dr. chmul: Aber es scheint eindeutig, dass sie der Patient sind.

[SNC]Little Indian: Wieso?

Dr. chmul: Weil ich der Arzt bin! Ha! Und jetzt legen sie sich bitte hin. Entspannen sie sich..

[SNC]Little Indian: Hinlegen ja, entspannen nein.

Dr. chmul: Wieso nicht.

[SNC]Little Indian: Haben sie das nicht bemerkt?

Dr. chmul: Was denn?

[SNC]Little Indian: Aha, sie also auch!

Dr. chmul: Wieso ich auch?

[SNC]Little Indian: Vergessen sie's

Dr. chmul: Äh, und wie kann ich ...

[SNC]Little Indian: Da, schon wieder!

Dr. chmul: Was denn?

[SNC]Little Indian: Lags! Gerade sitzen sie noch auf dem Sessel und plötzlich stehen sie am Fenster!

Dr. chmul: Vielleicht sollten sie beim Blinzeln die Augen sofort wieder öffnen.

[SNC]Little Indian: Sehr witzig! Sie sind wie die anderen ...

Dr. chmul: Welche anderen? Wir sind alleine hier.

[SNC]Little Indian: Ich meine im [SNC]..

Dr. chmul: Klar, ist ja auch ein Fun-Clan

[SNC]Little Indian: So meinte ich das nicht! Die glauben mir auch nie. Niemand glaubt mir!

Dr. chmul: Glaub' ich nicht!

[SNC]Little Indian: Sehen sie! Lags, Lügen und Video!

Dr. chmul: Bitte?

[SNC]Little Indian: Nur ein kleines Wortspiel, vergessen sie's! Können Sie mir helfen oder nicht?

Dr. chmul: Oder nicht!

[SNC]Little Indian: Was soll denn das jetzt wieder heißen, sind sie jetzt auch noch gegen mich?

Dr. chmul: Das kann ich ihnen nicht sagen!

[SNC]Little Indian: Mir können sie's sagen, ich bin Arzt.

Dr. chmul: Nein, sind sie nicht. Sie sind der Patient.

[SNC]Little Indian: Und was jetzt?

Dr. chmul: Nichts!

[SNC]Little Indian: Wieso nichts?

Dr. chmul: Die Zeit ist um, ich muss weg!

Lassen sie mich durch, ich bin Arzt!

Ja ja, der Brummel. Ein nicht enden wollender Quell reinster Freude. Aber unser kleiner netter Clan ist halt auch ein Abbild der Gesellschaft und da gibt es ja auch nicht nur unkomplizierte Sympathieträger. Wolfi ist auch einer aus dieser Gesellschaft. Ein viel beschäftigter IT-Fachmann, der wegen seines Jobs zeitweise überwiegend als Zuschauer auf unseren Servern unterwegs war. An einer unserer Boardpartys konnte er aber verkünden, dass er nun wieder aktiv am Geschehen teilnehmen wolle. Die Pause hatte aber nichts an seinem Grundproblem geändert. Seine Internetanbindung zeichnete sich durch einen schlechten Ping aus. Das ist - vom Laien für Laien - die Zeit, nach der ein Server auf eine Anfrage vom heimischen PC antwortet. He höher der Wert ist, desto weniger Spaß macht es zu spielen. Aber Wolfi neigt als erster Österreicher im Clan ohnehin nicht zu übertriebener Hektik und wendet sich an einen Fachmann.

Dr. chmul vs. Wolfi

Lassen sie mich durch, ich bin Arzt!

Dr. chmul: Der Nächste bitte...

[SNC]Wolfi: Ja, das bin dann wohl ich!

Dr. chmul: Chön, chön, setzen Sie....äh, wo sind sie?

[SNC]Wolfi: Hier!

Dr. chmul: Hier ist wo ich bin, sie sind nicht hier!

[SNC]Wolfi: Ich meine hier draußen.

Dr. chmul: Dann kommen sie doch rein.

[SNC]Wolfi: Nein, das ist nicht so meine Art.

Dr. chmul: Wie bitte?

[SNC]Wolfi: Na ja, ich bin mehr so der Zuschauer.

Dr. chmul: So geht's aber nicht!

[SNC]Wolfi: Wieso, das macht auch Spaß!

Dr. chmul: Hören sie, das ergibt doch keinen Sinn.

[SNC]Wolfi: Doch doch, auch dabei kann man viel lernen.

Dr. chmul: Was wollen sie denn ausgerechnet von mir lernen?

[SNC]Wolfi: Ihre Bewegungen, ihre Waffenbeherrschung ...

Dr. chmul: Bewegungen? Waffen?

[SNC]Wolfi: Ja genau!

Dr. chmul: Sie haben ein Problem!

[SNC]Wolfi: Deswegen bin ich ja hier!

Dr. chmul: Nein, sind sie nicht, sie stehen vor der Türe.

[SNC]Wolfi: Na und?

Dr. chmul: So kann ich ihnen nicht helfen. Kommen Sie herein!

[SNC]Wolfi:

Dr. chmul: Hören sie?

[SNC]Wolfi:

Dr. chmul: Was soll denn ...

[SNC]Wolfi: Nein!

Dr. chmul: Was?

[SNC]Wolfi:

Dr. chmul: Hallo?

[SNC]Wolfi: Ich komme nicht rein.

Dr. chmul: Na gut, aber warum brauchen sie so lange für eine Antwort?

[SNC]Wolfi:

Dr. chmul: Hmpf!

[SNC]Wolfi: Übler Ping, wieder einmal.

Dr. chmul: Sie meinen das Gerät mit dem Piiieeeng? Ich kenne den Film!

[SNC]Wolfi: Nein

Dr. chmul: Dann vielleicht weil sie Wiener sind?

[SNC]Wolfi: Nein! Natürlich nicht! Die Reaktionszeit, sie wissen schon, Computer, online usw.

Dr. chmul: Ah ja jetzt! Und wegen des Pings kommen sie nicht rein?

[SNC]Wolfi: Nein!

Dr. chmul: Hä? Was machen sie denn jetzt?

[SNC]Wolfi: Ich komme rein?

Dr. chmul: Wieso das denn??

[SNC]Wolfi: Heißen sie Hoecker?

Dr. chmul: Was?

[SNC]Wolfi: Vergessen sie's! Wegen der Boardparty!

Dr. chmul: Wieso sollte ich die Boardparty vergessen?

[SNC]Wolfi: Sie sollen Hoecker vergessen! Ich komme wegen der Boardparty.

Dr. chmul: Wegen der Boardparty? Ok, es war ganz nett, aber deshalb gleich zu kommen....

[SNC]Wolfi: Aargh! Rein! Ich komme rein!

Dr. chmul: Kommen sie doch erst mal herein!

[SNC]Wolfi: Nein!

Dr. chmul: Wieso das denn?

[SNC]Wolfi: Da, sie haben es schon wieder gesagt?

Dr. chmul: Ich weiß! Ich kann mich hören! Warum tun sie das?

[SNC]Wolfi: Tue ich was?

Dr. chmul: Erst nicht reinkommen wollen, dann doch und dann doch nicht!

[SNC]Wolfi: Ich war inaktiv!

Dr. chmul: Aha! Das ist doch schon mal ein guter Ansatz!

[SNC]Wolfi: Und jetzt bin ich wieder aktiv!

Dr. chmul: Aha!

[SNC]Wolfi: Wegen der Boardparty!

Dr. chmul: Ja ja!

[SNC]Wolfi: Und nun?

Dr. chmul: Das fragen sie mich?

[SNC]Wolfi: Ja, sie sind doch Arzt!

Dr. chmul: Stimmt! Jetzt wo sie's sagen....

[SNC]Wolfi: Also?

Dr. chmul: Lassen sie mich durch!

[SNC]Wolfi: Wieso?

Dr. chmul: ...weil ich Arzt bin! Lesen sie nie im UT-Forum?

[SNC]Wolfi: Doch, aber ich....

Dr. chmul: Tut mir leid, die Zeit ist um!

[SNC]Wolfi: Äh ...

Dr. chmul: Eine Frage noch?

[SNC]Wolfi: Ja?

Dr. chmul: Wer ist Hoecker?

[SNC]Wolfi: Vergessen sie's!

Dr. chmul: Was?

[SNC]Wolfi: Hoecker!

Dr. chmul: Wieso das denn? Den kenn' ich doch gar nicht!

[SNC]Wolfi: Ich muss weg!

Dr. chmul: Cool, ich komm' mit...

Lassen sie uns durch, ich bin Arzt!

So, das hätten wir. Viele Geschichten, ein paar Lückenfüller und die wichtigsten Gespräche aus Dr. chmuls Praxis. Wer diese Zeilen hier liest, hat durchgehalten und das Buch nicht schon vorher weggelegt. Das ist erfreulich, dafür bin ich dankbar. Ganz ehrlich.

Die Geschichten in diesem Buch stammen aus einem Zeitraum von etwa sieben Jahren. Spätestens 2016 kann also mit einer weiteren Sammlung kurzer Geschichten gerechnet werden. Ein paar werden mir in dieser Zeit sicher einfallen. Wobei "werde ich in dieser Zeit erleben" wohl eher den Kern der Sache trifft. Bis auf "Albtraum in Gummi" (und Dr. chmul natürlich) basieren alle Geschichten auf wahren Begebenheiten.

Nicht nur das, sie sind meist genau so passiert. Natürlich habe ich an der einen oder anderen Stelle etwas übertrieben. Aber das war's dann auch schon. Das Leben ist so. Von daher muss ich also nur weiterhin die Augen offen halten, dann sollte mir der Stoff nicht ausgehen. Und wer weiß, vielleicht dauert es ja auch keine weiteren sieben Jahre, bis wir uns wieder lesen.

Es hat ja keiner behauptet, das Leben sein einfach! Aber wenn man sich ein wenig Gelassenheit und Optimismus bewahren kann, dann ist das gar nicht so schlimm. Dann nimmt man die Hürden des Lebens mit einem Augenzwinkern. Dass auch Alltagssituationen häufig ein gewisses Spaßpotenzial haben, sollte dieses Buch verdeutlichen. Man muss halt nur ein wenig genauer hinschauen. Und wenn's schwer fällt, fragt man sich einfach, was Dr. chmul dazu sagen würde.

Auf der nächsten Seite habe ich, wie im Vorwort angedeutet, noch kurz beschrieben, wer oder was das Supernature-Forum ist.

Tja, das war's. Ich bedanke mich.

Supernature-Forum oder Das Wohlfühlboard

Ein Forum oder Board ist eine Plattform im Internet, über die sich Menschen austauschen können. Es gibt Tausende davon allein in Deutschland und nahezu jeder Bereich des Lebens ist damit abgedeckt. In der Regel muss man sich in einem solchen Forum registrieren, um selbst Beiträge schreiben zu können und alle Möglichkeiten der Website nutzen zu können.

Um einigermaßen sicherzustellen, dass Diskussionen im Rahmen bleiben oder keine illegalen Inhalte eingestellt werden, gibt es in solchen Foren so genannte Moderatoren. Sie greifen im Idealfall ein, bevor ein Streit eskaliert oder kritische Inhalte einem Abmahnanwalt auffallen. Moderatoren haben die Möglichkeit, Beiträge von Nutzern zu verändern, zum Beispiel derbe Schimpfworte durch Sternchen zu ersetzen.

Das Supernature-Forum (SNF) bekam im Laufe der Zeit von seinen Mitgliedern den Untertitel "Das Wohlfühlboard". Das liegt daran, dass die registrierten Nutzer und die Moderatoren ständig darum bemüht sind, einen freundlichen und fairen Umgang miteinander zu pflegen. Das gelingt nicht immer, aber es hat ja keiner behauptet, das Leben sei einfach!

Neben computerspezifischen Themen deckt das Forenspektrum im SNF auch den Bereich Spiele und Allgemeines ab. Letzteres im Unterforum "Boardsofa". Hier finden Diskussionen zur aktuellen politischen Lage genauso ihren Platz wie Geschichten aus dem Leben der Boardies oder die Suche nach Spielideen für den nächsten Kindergeburtstag.

Wie gesagt, es gibt Tausende Foren. Die meisten sind einzigartig und viele sind größer als das SNF. Mir gefällt's dort aber am besten und ich lade die Leser herzlich ein, sich bei Gelegenheit doch einfach mal ein eigenes Bild davon zu machen.